VENTE DU 18 AU 20 MARS 1901

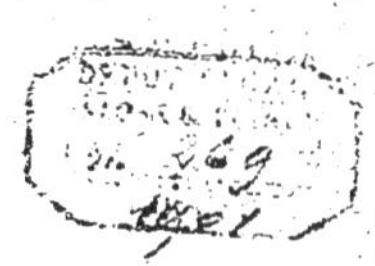

COLLECTION D'ANTIQUITÉS

GRECQUES & ROMAINES

PROVENANT DE NAPLES

PRIX DU CATALOGUE ILLUSTRÉ

(10 PLANCHES ET 40 VIGNETTES)

20 FRANCS

COLLECTION D'ANTIQUITÉS

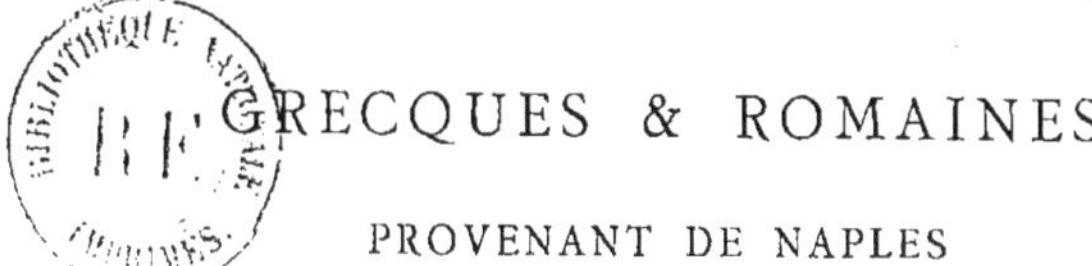

GRECQUES & ROMAINES

PROVENANT DE NAPLES

PRIX DU CATALOGUE ILLUSTRÉ

(10 PLANCHES ET 40 VIGNETTES)

20 FRANCS

CONDITIONS DE LA VENTE

La vente se fait au comptant.

Les acquéreurs paieront 10 °/₀ en sus du prix d'adjudication.

L'authenticité des pièces est garantie.

Les experts se réservent la faculté, dans l'intérêt de la vente, de réunir ou de diviser les numéros du catalogue. Ils rempliront les commissions qu'on voudra bien leur confier (conditions habituelles, 5 °/₀ sur la limite).

MACON, PROTAT FRÈRES, IMPRIMEURS

COLLECTION

D'ANTIQUITÉS

Sculptures, Vases peints, Terres cuites, Verrerie, Bijoux, Bronzes, Médailles

VENTE AUX ENCHÈRES PUBLIQUES

A L'HOTEL DROUOT, Salle n° 7

Le Lundi 18 Mars 1901 et les deux jours suivants

A 2 HEURES PRÉCISES

Commissaire-Priseur :	*Experts :*
M. MAURICE DELESTRE	M. ARTHUR SAMBON
5, RUE SAINT-GEORGES	6, RUE DE PORT-MAHON
	MM. C. ET E. CANESSA
	19, RUE LAFAYETTE

Exposition particulière : le Samedi 16 Mars, de 2 à 5 heures.

Exposition publique : le Dimanche 17 Mars, de 2 à 6 heures.

PARIS, 1901

ANTIQUITÉS

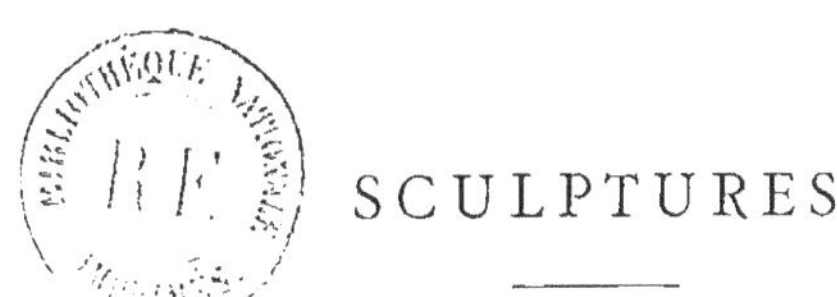

SCULPTURES

---

1. Tête d'Apollon d'ancien style. Visage souriant, les cheveux frisés
   sur le front.

   Sculpture en pierre
   calcaire. Chypre.

2. Tête virile jeune avec
   barbe naissante.
   Cheveux bouclés,
   ceints d'un dia-
   dème, cachant en
   partie une men-
   tonnière. Les yeux
   un peu bridés, les
   traits d'une grande
   délicatesse.

   Travail égyptien en
   basalte. — Voyez la
   photogravure.

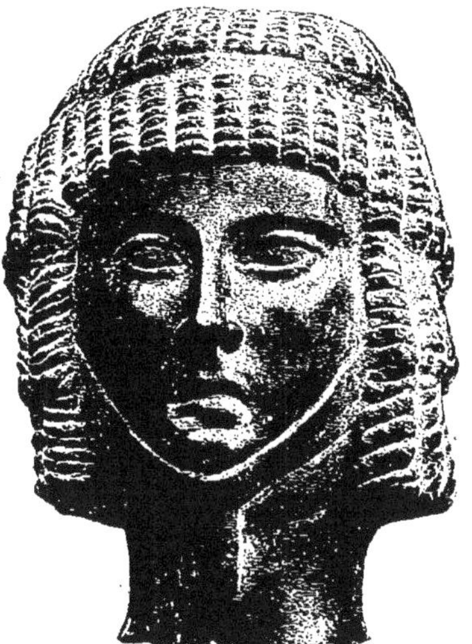

3. Fragment d'une statuette en albâtre oriental représentant une
   Niobide. Superbe étude de draperie. Socle antique. Rome.

VASES PEINTS

CHYPRE

4. Œnochoé chypriote du VIe s. en terre rouge. Près de l'orifice une tête de taureau en relief et colorée en noir, servant de déversoir. Le col et la partie supérieure de la panse sont cernés de cercles noirs concentriques et de rosaces en blanc.

CORINTHE

5. ARYBALLE ROND. Décor à palmettes florales. Corinthe.

6. PETITE PYXIS de forme cylindrique avec son couvercle (rare). Décor : cercles concentriques noirs et violets, étoile et godrons.

7. AMPHORISQUE. Ornementation à languettes et imbrications.

8. COTYLÉ. De chaque côté, un lion et un bouquetin paissant affrontés, sur un champ parsemé de rosaces. Près des anses, des sphinx accroupis. Bordures à dessin géométrique.

Peinture brune rehaussée de rouge, sur terre jaune pâle ; détails gravés.

9. PYXIS AVEC SON COUVERCLE. Sur la panse se voit une procession d'animaux sacrés : une chouette entre deux lions affrontés, puis un cerf et une lionne, deux bouquetins paissant séparés par un grand fleuron et un cygne. — Semis de rosaces. — Sur le couvercle : deux lions affrontés et puis, s'alternant, un sanglier,

trois bouquetins et deux lionnes. Le dessin est d'une grande finesse.

Terre jaune pâle, peinture noire à rehauts pourpres ; détails gravés à la pointe. Trouvée à Corinthe.

Haut. : o ᵐ 14 ; diam. : o ᵐ 14.

10. ŒNOCHOÉ, de fabrique corinthienne, avec goulot trilobé surmonté de son couvercle. Le décor, noir et pourpre sur fond blanc, se divise en deux registres. Dans le haut se voit un oiseau éployé entre deux lionnes, puis deux oiseaux lissant leurs plumes ; dans la frise inférieure, deux Sirènes, des lionnes et des bouquetins paissant. — Semis de rosaces et de globules.

Détails gravés. Trouvée en Grèce.

Haut. : o ᵐ 18.

11. AMPHORE. Ornementation à deux zones, dont une représente un personnage barbu, dans une pose grotesque entre deux lions à gueule béante, et plus loin une sirène entre deux sphinx accroupis ; l'autre, une procession d'animaux : cygne, lionne et taureau affrontés, lion et bouquetin paissant affrontés, etc. Semis touffu de rosaces. Le col est peint en noir et orné de six rosaces blanches.

Figures noires nuancées de rouge et rehaussées de pourpre et blanc. Détails finement incisés.

Haut. : o ᵐ 29.

12. KÉLÉBÉ. Ornementation à deux zones circulaires : la zone supérieure, divisée en deux cadres, offre d'un côté deux groupes de guerriers combattant et de l'autre trois cavaliers armés, passant à la file et conduisant chacun deux chevaux. La zone inférieure, faisant tout le tour de la panse, représente une procession d'animaux sacrés : cygne, lionne, bouquetin paissant et lions affrontés, etc. Au-dessous des anses, une Sirène, les ailes éployées, la tête tournée en arrière. Le plat-bord de l'embouchure est décoré d'imbrications noires nuancées de rouge.

Figures noires nuancées et rehaussées de pourpre et de blanc.

Haut. : o ᵐ 29 ; diam. : o ᵐ 34.

VASES CHALCIDIENS ET ATHÉNIENS

13 . AMPHORE. D'un côté, groupe de fauves dévorant un taureau, d'un
dessin hardi ; de l'autre trois Centaures courant vers la droite et
s'entretenant, avec force gestes, sur un sujet émouvant. Sur le
col, de chaque côté, deux sirènes retournant la tête ; sur les
épaules du vase, une palmette dont la tige s'enroule autour de
l'attache des anses.

Figures noires incisées et rehaussées de blanc et pourpre. — Voyez pl. II, n° 8.
Haut. : 0 ^m 37.

14 . DEINOS avec support séparé en forme de balustre. Sur le plat-bord
de l'embouchure, peinture noire sur fond rouge représentant des
combats entre Grecs et Troyens. Des quadriges sont lancés vio-

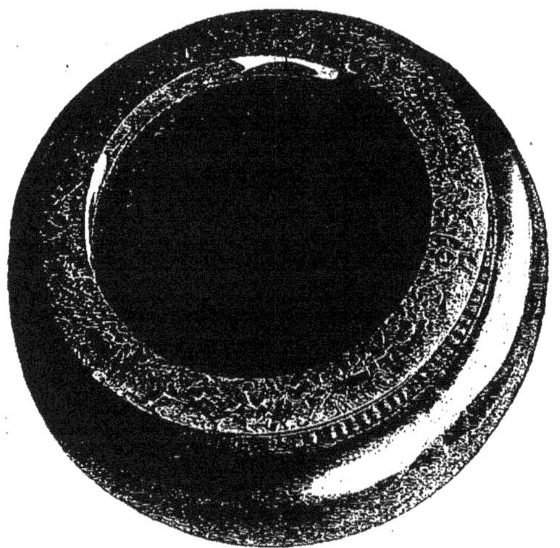

lemment au milieu de mêlées d'hoplites, de cavaliers et d'archers.
Sur la face intérieure du bord sont peints quatre navires
voguant à pleines voiles. Cette peinture interne est disposée de

telle façon que si le vase était plein de liquide, les vaisseaux sembleraient surnager.

Couverte noire sur la panse du vase et sur le support, égayée par des cercles de peinture rouge, quelques-uns à décors d'oves ou de branche de lierre. Les bords : fond rouge avec peintures noires rehaussées de blanc et de pourpre. Détails gravés à la pointe. — Le fond du vase a été recollé, mais la partie peinte est absolument intacte. — Trouvé à Capoue. *Bull. dell' Inst.*, 1873, p. 125. (Helbig). Superbe pièce et de la plus grande rareté. — Voyez la photogr. Haut. (sans le support) : o^m 35 ; diam. : o^m 33 à o^m 40.

15. MAGNIFIQUE AMPHORE DE STYLE ANCIEN. *Départ d'un cavalier.* Le dessin est divisé en plusieurs registres. Sur la panse, face antérieure, un cavalier armé de deux lances se dirige à droite, conduisant deux chevaux; un personnage coiffé du pétase, chaussé d'endromides à langues proéminentes et tenant un caducée, marche devant lui et se retourne pour lui adresser la parole, tandis qu'un second individu tenant une haste vient à sa rencontre. Derrière le cavalier on voit deux autres personnages debout et, dans le champ, un aigle fondant sur un serpent : présage d'heureuse entreprise.

Au revers, le même sujet avec ces variantes que le cavalier conduit un seul cheval et le personnage qui marche devant tient une lance. Sur les épaules du vase, au-dessous d'un décor à godrons et à volutes qui encadre les anses, le même cavalier, suivi de l'oiseau volant et d'un seul personnage, est représenté de dimensions plus petites. Autour du col huit figures, également de petite taille, représentent un personnage qui arrive vivement au milieu d'une réunion de guerriers et semble les interpeller violemment.

Les peintures de ce vase, noires sur fond rouge, rehaussées de blanc et de pourpre, sont exécutées avec une habileté incomparable, et très finement incisées ; la façon du vase est également d'une grande perfection. Sous le pied, une tête de clou en relief peinte en rouge. Style attique antérieur à Amasis. Trouvé à Orvieto. — Voyez pl. I, n° 1.

Haut. : o^m 45.

16. AMPHORE (STYLE D'AMASIS). *Départ d'un guerrier.* Tableau à fond rouge réservé sur la couverte noire de la panse. Guerrier debout,

coiffé d'un casque à haut cimier, tenant une lance de la main droite et de la gauche une épée avec fourreau et baudrier; il est suivi par un chien et accosté par quatre personnages armés de lances, dont deux sont nus, les autres enveloppés de manteaux brodés.

Au revers, même sujet avec plusieurs variantes : le guerrier porte le bouclier et les cnémides, le chien est tourné en sens inverse, etc.

Dessin d'une grande finesse. Figures noires incisées et rehaussées de blanc et de pourpre. Trouvée à Orvieto. — Voyez pl. II, n° 5.

Haut. : o ^m 28.

17. AMPHORE DE STYLE TRÈS ANCIEN. Hoplite armé d'une lance et d'un grand bouclier, tenant son casque à la main. Devant lui l'inscription ΖΞꓘΟ ƎМ ΙΑꓘ ΟꓦƎꓭΟꓦꓷ· (δύ' ὀϐελὼ χαί με θίγεις = « *deux oboles et tu me prends* » [Maas].)

Revers : Athlète vainqueur portant sur sa tête un trépied.

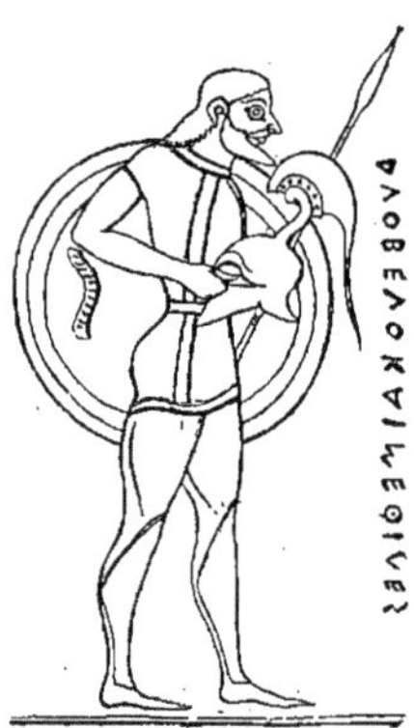

Figures noires incisées et rehaussées de pourpre dans un cartel rouge réservé sur la couverte noire du vase. Sous le pied, graffite : HM. Trouvée à Orvieto. E. Maass, *Ann. dell' Inst.* 1882, p. 58 (Pl. H.). — Petersen, Jahrb. K. I. — Kretschmer, *Vaseninschriften*, p. 91, § 67. — S. Reinach, rep. p. 346. — Voyez pl. II, n° 1, et la vignette.

Haut. : o ^m 29.

18.   Grande et belle amphore de style ancien par Exékias.

a) *Héraclès combattant les Amazones.* Le héros est coiffé de la dépouille du lion et s'apprête à frapper de sa massue une Amazone tombée à genoux devant lui ; deux autres Amazones le menacent de leurs lances. Elles sont revêtues de cuirasses, de casques à hauts cimiers, de cnémides et de boucliers à devise. La figure d'Hercule est peinte en noir, très finement incisée et rehaussée de pourpre, celles des Amazones ont les chairs en blanc et les détails des armures et des vêtements en noir et rouge.

b) *Dionysos et Oinopion.* Le dieu, debout au milieu d'un décor de ceps de vigne, revêtu d'une longue tunique et de l'himation, tient de la main droite un canthare. Devant lui est Oinopion, drapé dans son manteau, coiffé du pétase et chaussé d'endromides à langues proéminentes ; il tient de la droite une œnochoé. Derrière Dionysos on voit deux satyres, dont l'un joue de la double flûte, l'autre, ithyphallique, danse. Derrière Oinopion, un autre satyre dansant. Les anses, à rebords aplatis, sont ornées de guirlandes de lierre.

Trouvé à Orvieto. — Voyez pl. I, n° 3.

Haut. : 0^m 50.

19.   Petite amphore. *Éos enlevant le cadavre de Memnon.* Éos, vêtue d'une tunique à plis fins et coiffée d'un *sakkos*, s'envole vers la

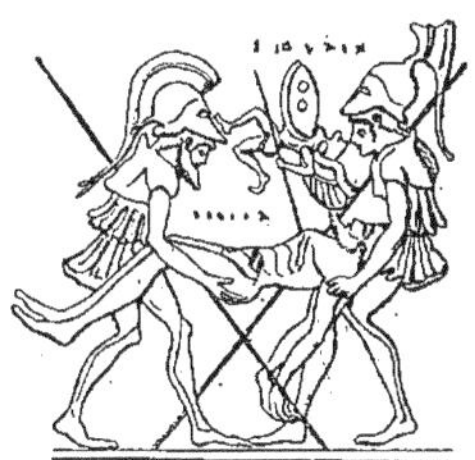

droite, tenant le corps de son fils entre ses bras ; un oiseau plane au-dessus, tandis qu'Achille, armé de sa lance et se couvrant de son bouclier (*épisème*, un sphinx), s'éloigne vers la gauche.

Au revers, deux guerriers soulèvent un cadavre dépouillé de ses armes, pendant que l'*eidôlon*, ailé et armé comme un hoplite, s'élance dans l'air. Dans le champ, légendes fictives. Bordures de godrons et palmettes.

Délicieuse petite pièce : P. J. Meier, *Anfora della Coll. Bourguignon. Ann. dell' Inst.*, 1883, p. 208, pl. chromo. — Robert, *Thanatos*, p. 16. — Reinach, Rep., p. 347. Figures noires finement incisées et rehaussées de blanc et de pourpre. Sicile. — Voyez pl. II, nᵒ 7, et la vignette.

Haut. : 0 ᵐ 18.

20. PETITE AMPHORE. *Héraclès combattant les Centaures.* Dans un cartel rouge réservé sur la panse, on voit le héros saisissant par la queue un Centaure qu'il vient de terrasser; un second Centaure accourt armé d'une forte branche d'arbre. Métope du revers : hoplite perçant de sa lance un Centaure qui se défend avec des branches d'arbres. Dans le champ, légende fictive. Le col du vase est orné de frises, de palmettes et godrons.

Figures noires incisées et rehaussées de blanc et de pourpre. Trouvée en Sicile. — Voyez pl. III, nᵒ 1.

Haut. : 0 ᵐ 165.

21. AMPHORE. *Combat de Grecs et Troyens.* Un hoplite a renversé son ennemi, et s'apprête à le transpercer de sa lance, tandis qu'un archer s'éloigne vers la gauche. — *Dionysos et son thiase.* Le dieu tenant un céras et une branche de lierre entre une Ménade et un Satyre qui danse.

Haut. : 0 ᵐ 32.

22. GRANDE AMPHORE. Héraclès divinisé accompagné d'Athéna et de Hermès. Au revers : Apollon debout, jouant de la lyre et suivi par une biche, entre deux femmes tenant des branches de lierre. Décors d'entrelacs, de palmettes florales, etc.

Haut. : 0 ᵐ 42.

23. AMPHORE. Apollon assis à droite sur un δίφρος ὀκλαδίας jouant de la lyre. A ses côtés, deux femmes diadémées — peut-être Latone

et Artémis — l'une d'elles lui posant une couronne sur la tête, l'autre relevant un pan de sa tunique brodée et offrant une fleur. Dans le champ branches de lierre.

Au revers : Dionysos assis, couronné de lierre et vêtu d'une tunique de couleur blanche et d'un himation brodé. Il tient à la main un canthare, duquel un satyre *ithyphallique* approche les lèvres, et tourne la tête vers un autre satyre qui tient une amphore.

24. Petite amphore de très ancien style. *Réunion de guerriers.* Un personnage barbu et drapé armé d'une lance entre deux guerriers brandissant des glaives.

Au revers même sujet. Dans le champ légendes fictives.

25. Olpé. Dans un cadre réservé sur la couverte noire du vase, deux Ménades dans un décor de branches de lierre. Sur le col, *grecque* et ornement à damier. (Saticola.)

Figures noires rehaussées de blanc et rouge. Conservation irréprochable.

26. Skyphos. Éphèbes couchés sur des clinés, et femmes assises sur des pliants.

Figures noires sur fond rouge. Capoue.

27. Deux amphores d'ancien style faisant pendants. *Dionysos et son thiase.* Sur l'une on voit Dionysos conduisant un quadrige, et auprès des chevaux une Ménade exécutant une danse mimique, et au revers Dionysos, drapé, assis sur un pliant entre deux Ménades. Sur l'autre : Dionysos assis dans un décor de pampres, accosté d'une Ménade. (Sicile.)

Figures noires incisées et rehaussées de blanc et pourpre, sur fond rouge.

28. Petite amphore d'ancien style. *Héraclès et le taureau de Crète.* Le héros a suspendu à des branches son manteau, l'arc et le

carquois; il vient d'enlacer d'une corde les jambes du taureau, et presse son genou contre la bête à demi terrassée.

Au revers, même sujet.

Figures noires incisées et rehaussées de pourpre sur fond jaune. Trouvé à Corneto. — Voyez pl. III, n° 5.

29. PETIT STAMNOS. Cadres réservés sur la panse, et divisés en deux registres : groupe de pugilistes aux prises, les reins entourés de ceintures blanches ; de chaque côté un pédotribe armé de sa baguette fourchue ; à droite un troisième pugiliste tenant à la main un linge. Au-dessus, figures de femme et d'homme couchés, qui semblent suivre du regard les lutteurs.

Revers : *Acroama* dans un symposion. Joueuse de flûte, danseur et groupe de buveurs. Second registre : deux figures étendues sur des coussins.

Figures noires incisées et rehaussées de blanc et pourpre. Trouvé à Corneto. — Voyez pl. III, n° 3.

Haut. : 0ᵐ21.

30. GRAND VASE (STAMNOS). *Pélée et Thétis.* — ℞. *Nérée?* Pélée enserre de ses bras la taille de Thétis, tandis qu'une panthère, indice des transformations de la déesse marine, le mord à la jambe. Deux Néréides s'enfuient en sens opposés, tenant des dauphins et faisant des signes d'effroi. Dans le champ, KALOS.

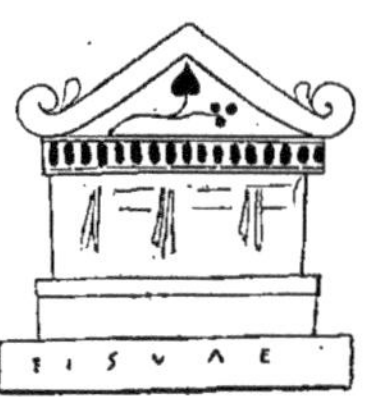

Au revers, Nérée vêtu d'une longue tunique et drapé dans un manteau, la barbe et les cheveux blancs, monte dans un quadrige orné de dauphins et incline la tête pour recevoir une couronne que lui tend une jeune femme ; au-dessus KALOS.

Sur deux stèles, placées au-dessous des anses du vase, on lit le nom de l'éphèbe EISYΛE(S) (Inédit) suivi de l'épithéte KAⱢOS.

Superbe peinture appartenant au style sévère du Vᵉ siècle. — Voyez pl. III, nᵒˢ 6 et 7.

Haut. : 0 ᵐ 35.

31. AMPHORE. *Course en armes et scène de Symposion.* Un hoplitodrome nu, coiffé d'un casque à cimier et tenant un grand bouclier rond (ἀλπίς) à devise et légende, se prépare à la course. Devant lui, un pédotribe debout, drapé dans son manteau, et tenant un long bâton, lui donne des indications.

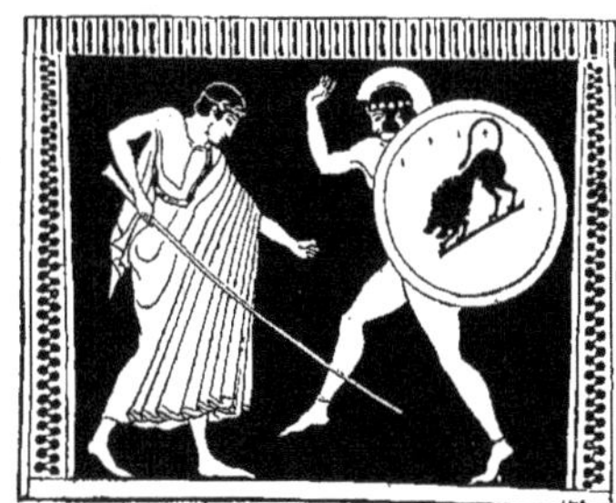 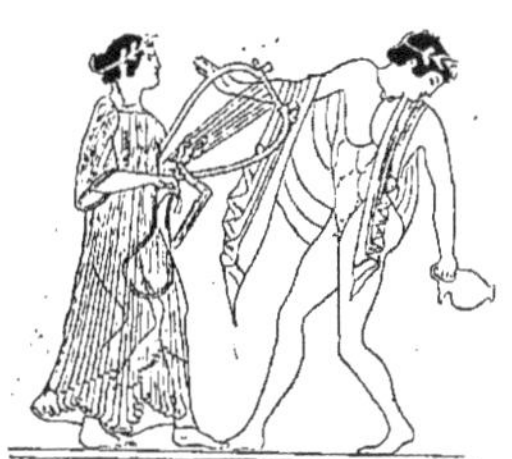

Revers : Une jeune fille, couronnée de myrte et vêtue d'une tunique transparente à plis fins, s'avance vers la droite, jouant de la lyre avec un geste abandonné; devant elle un éphèbe ivre, à demi nu, tenant une œnochoé, chancelle, étendant vers elle la main droite.

Fabrique athénienne du Vᵉ siècle. Dessin délicieux. Conservation irréprochable. Trouvée à Capoue. — Voyez pl. II, nᵒ 6.

Haut. : 0 ᵐ 34.

32. TRÈS BELLE HYDRIE. *Intérieur de gynécée.* La scène se passe dans un édifice indiqué par deux colonnes ioniques. Le tableau est disposé sur la partie supérieure de la panse entre deux bordures

d'entrelacs. On voit au centre une femme assise dans un fauteuil
à dossier incliné, vêtue d'une tunique à plis très fins, l'*himation*
glissant le long du siège et coiffée du *kékryphale*. Elle est occupée
à filer, tandis qu'une autre femme, assise en face d'elle, et enveloppée dans son himation, lui parle, accentuant son récit par

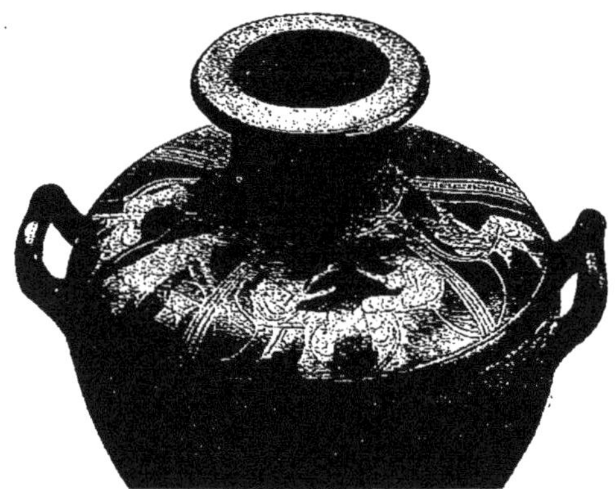

des gestes de la main droite. Entre elles, ΚΑΛΟΣ. Derrière la
colonne de gauche, se voit une femme puisant de la laine dans
un *kalathos*; plus loin, un éphèbe assis, appuyant la main droite
sur son bâton et la gauche sur la hanche. Derrière la colonne
de droite est un autre éphèbe assis dans une pose rêveuse.

Beau style athénien du ve siècle. Figures rouges sur fond noir. Trouvée à
Capoue.

Haut. : o ^m 37.

33.   PETITE AMPHORE. *L'enlèvement de Cassandre.* La jeune Troyenne
s'élance vers la statue d'Athéné, cherchant désespérément à
l'enlacer de ses bras, tandis qu'Ajax s'efforce de l'enlever du
lieu sacré. Une fillette est blottie derrière la statue de la
déesse. Le casque d'Ajax a les geniastères relevées, et son

bouclier a comme *épisème,* la partie antérieure d'un âne en course. (Style très intéressant.)

Revers : « *Figura mantellata* ».

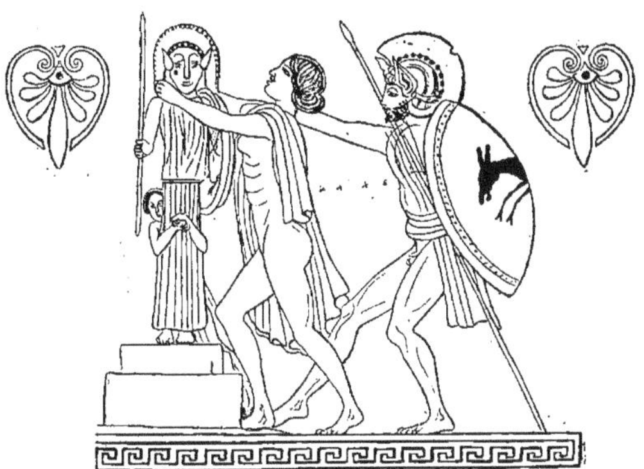

Frise de *grecque* sous le tableau, palmettes *sur* les anses. Figures rouges sur fond noir. Trouvée à Corneto. — Voyez pl. II, n° 3, et la vignette.

Haut. : o ᵐ 28.

34. AMPHORE. Ariane endormie surprise par un Satyre. Inscriptions de fantaisie.

Revers : Femme coiffée d'un *sakkos,* et enveloppée dans son himation.

Les anses, à nervure médiane, posent sur des petits supports (détail rare). Très beau style du vᵉ siècle. Trouvée à Capoue. (*Ann. dell'Ist,* 1878, p. 93).

35. PETITE HYDRIE. Ėos poursuivant Céphale.

Trouvée à Capoue.

36. AMPHORE. Ėos et Céphale ; dans le champ : ΚΛΕΝΙΑΣ ΚΑΛΩΣ (*sic*).

Revers : Ėphèbe debout.

Voir W. Klein, *Die griech. vasen mit Lieblingsinschriften,* p. 84.

37. GRANDE AMPHORE. Deux femmes drapées en regard, l'une d'elles tient un thyrse de la main droite, et présente avec la gauche une lyre ; l'autre fait une libation avec une phiale.

Revers : Deux Ménades en regard.

Figures rouges. Capoue.

Haut. : 0 m 40.

38. HYDRIE. Femme assise à droite, son himation drapé sur les genoux, tenant des deux mains un coffret ; devant elle une servante, debout, tenant de la droite un alabastre. Ornements de grecques et d'oves.

Figures rouges sur brillant vernis noir. Conservation irréprochable. Capoue.

39. ŒNOCHOÉ à bouche trilobée. Femme debout tenant un miroir, et causant à une autre femme drapée dans son *himation*, et coiffée du *sakkos*.

Figures rouges sur vernis noir de toute beauté. Vico Equense.

40. AMPHORE. Hoplite et jeune femme.

Figures rouges. Anses cordées. Capoue.

41. GRANDE HYDRIE A PEINTURE POLYCHROME. *Néréides, Éros, Poseidon, Apollon et Silène.* Ces divinités sont groupées sur différents plans, indiqués par des lignes blanches. Au milieu du tableau on voit Poseidon assis à droite. Il est nu, son *himation*, richement brodé, ayant glissé sur le rocher où il est assis ; sa barbe et ses cheveux sont soigneusement frisés et une couronne de laurier, avec la tige et les baies peintes en blanc, lui ceint le front. Il tient de la main gauche le trident et tourne la tête pour écouter un Éros qui se penche vers lui et dont les ailes sont peintes en blanc avec rehauts jaunes. Un corbeau est perché sur un rocher au-dessus de sa tête. Trois nymphes s'approchent du dieu de la mer, et l'une d'elles pose la main droite sur son genou, tandis que de la gauche elle lui indique Éros. Ces nymphes sont revêtues de tuniques richement brodées avec bordures représentant des ondes et elles sont parées de bijoux peints en blanc et

jaune. Dans un registre supérieur on voit un Éros (peint en
blanc, avec détails en jaune), entre deux nymphes, dont une lui
offre un coffret de bijoux; plus loin, à gauche, un second Éros
poursuivant un oiseau. Dans le registre inférieur Apollon
s'appuyant sur une branche de laurier cause avec une nymphe
assise et adossée à une hydrie (Les chairs sont en rose, les
détails en blanc et jaune). Plus loin : Papposilène étendu à terre
tenant un œuf à la main (détails peints en blanc).

Style du IVe siècle. Probablement du Sud de l'Italie (Ruvo). Trouvée à
Capoue. — Voy. pl. I, n° 2.   Haut. : 0^m 45.

COUPES ET GOBELETS ATHÉNIENS

42. PETIT CYLIX de style attico-corinthien avec une frise d'animaux
sacrés : lions et bouquetins paissant.

43. CYLIX. A l'intérieur, un masque de Gorgone, la langue pendante.
Sur la face externe, de chaque côté, danse comique de Thyades
et Satyres (la *Kordax*), entre deux énormes yeux prophylac-
tiques.

Peinture noire sur fond rouge, rehaussée de blanc et pourpre ; détails gravés.

44. CYLIX D'ANCIEN STYLE PAR TLÉSON FILS DE NÉARCHOS. De chaque
côté, sur la partie extérieure du bord, une poule peinte en noir
sur fond rouge, rehaussée de blanc et pourpre et finement
incisée. Au-dessous la légende TLΕSON HO NEAPXO EΓOIESEN
(Τλήσων ὁ Νεάρχο[υ] ἐποίησεν). Palmettes auprès des anses.

Trouvé à Capoue.

45. CYLIX D'ANCIEN STYLE. Sphinx marchant à droite et retournant la
tête ; au-dessous, légendes fictives.

Peinture noire incisée et rehaussée de blanc et rouge. Groupe des « *Klein-
meister* ». Capoue.

46. KALATHOS. Quatre groupes de figures viriles, nues, avec des grands colliers de perles, exécutant une danse mimique (la *Kordax*) avec des gestes très variés.

> Ancien style. Figures noires rehaussées de blanc et de pourpre sur fond rouge ; détails gravés à la pointe. Trouvé à Orvieto. Très rare. — Voyez pl. III, n° 2.

47. SKYPHOS. Des sphinx, des hommes en course et des personnages assis. Décor de ceps de vigne.

> Figures noires rehaussées de blanc et de pourpre. Conservation irréprochable. Capoue.

48. CYATHE. Au milieu d'un décor de ceps de vigne Dionysos, couché sur une cliné richement décorée, tient à la main un céras. Sous la cliné est étendu un satyre ivre. De chaque côté sont dessinés un grand œil prophylactique et une panthère. Dans l'intérieur, à l'endroit où se rattache l'anse, une tête de Silène en relief et à peinture polychrome.

> Peinture noire incisée et rehaussée de blanc et de pourpre sur fond blanc. L'intérieur de la coupe, le piédouche et l'anse sont peints en noir. Style athénien d'une grande finesse. Trouvé à Orvieto. — Voyez pl. II, n° 4.

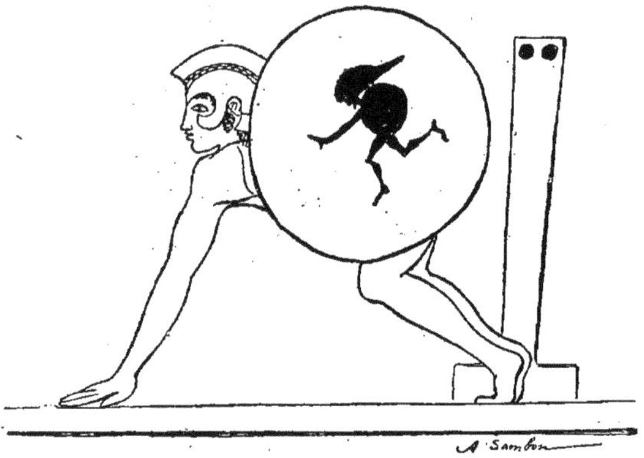

49. COTYLÉ. *Course en armes.* Hoplitodrome dépassant la *meta* par un dernier saut. Il est coiffé d'un casque avec cimier et garde-

joues, et tient un grand bouclier rond (*épisème* : hoplite en course).

De l'autre côté, un pédotribe barbu, drapé dans son manteau, tenant un bâton de la main gauche et étendant la droite.

Charmante petite coupe trouvée à Capoue.

50. SKYPHOS. Jeune homme drapé dans son manteau dont un des pans lui couvre la tête en guise de capuchon. Il est sur le seuil d'une porte et se penche en avant, s'appuyant sur son bâton et fixant le regard sur un objet lointain. A la paroi sont suspendues des sandales ; dans le champ, on lit ƎⱯAꟼ.

Revers : Homme barbu, drapé, appuyant la main droite sur son bâton et retournant la tête ; dans le champ, une borne, des sandales et l'inscription KAⱯOꙄ.

Charmant sujet ; dessin exquis. Conservation irréprochable. (Capoue.)

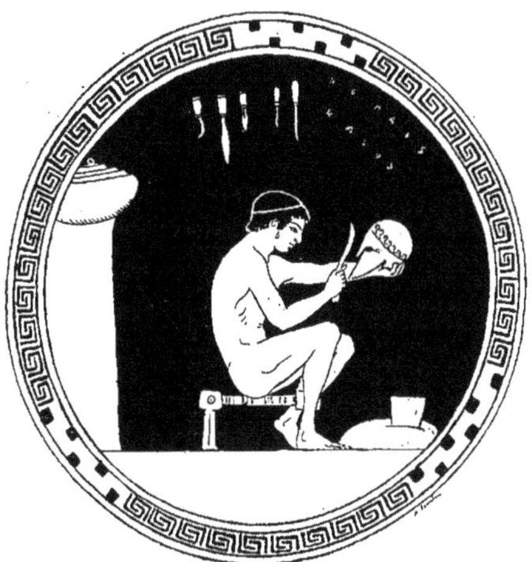

51. CYLIX. *Artiste armurier.* Il est assis à droite sur un escabeau, tenant de la main gauche un casque, qu'il est occupé à ciseler. On voit, derrière lui, la forge, et devant, à ses pieds, l'enclume. Des

outils de ciseleur sont suspendus à la paroi de l'atelier. Dans le champ, la légende : HO ΓAIS KALOS.

Figure rouge sur fond noir. Parties refaites. Trouvé à Orvieto. — Voyez la vignette.

52. CYLIX. *L'Oiseleur.* Jeune éphèbe assis à droite, tenant sur ses genoux une cage de jonc dans laquelle il vient de renfermer un oiseau. Dans le champ un fléau et la légende (HO Γ)AI(S) KALOS. Sur la partie extérieure, une scène éphébique, malheureusement mal conservée.

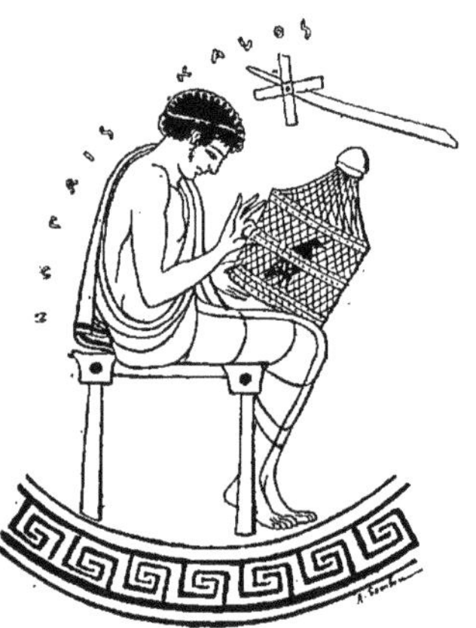

Cette belle coupe, dont la peinture semble de Douris, avait été déjà restaurée dans l'antiquité ; elle a souffert encore depuis, mais la figure de l'Oiseleur est heureusement complète. Trouvée à Orvieto. — Voyez la vignette.

Diam. : 0 m 23.

53. CYLIX PAR BRYGOS[1]. Intérieur d'une chambre à coucher. Une femme nue, debout, coiffée d'un kékryphale brodé. Les chaus-

---

1. *Cylix* nigra, cum figuris rubris. In parte concava circulum habet ex maeandris, in quo femina omni veste exuta, corpus in adversum, caput autem, cucullo tectum, dextrorsum profert. Brachia distenta genubus nituntur ; inter crura divaricata aliquantoque inflexa, scyphum habet. Hinc et illinc calceamenta et linteus parietibus suspensa sunt.

sures et la ceinture sont suspendues à la paroi. Près d'elle est un grand vase avec l'inscription **KALE**. Attribuée par Hartwig (Meisterschalen, p. 347), à Brygos.

Confrontez pour des sujets analogues : W. Klein (Die griech. vasen mit Lieblinginschriften, p. 57. *Coll. Van Branteghem*); *Hartwig (Meisterschalen).* Brygos a peint souvent des courtisanes sur ses coupes. Trouvée à Orvieto.

54. LEPASTÉ. Sur le couvercle : *Scène de mariage.* Le jeune époux, drapé dans son manteau, l'épaule droite à découvert, tient dans sa main celle de l'épouse qui est debout devant lui, vêtue d'une tunique à plis fins, un voile sur la tête. Entre eux une couronne et les épithètes **KAΛE-KAΛOS**. Derrière l'épouse, une femme tenant deux torches dont une abaissée, et derrière l'époux une autre femme, auprès d'un autel, tenant deux torches levées. Plus loin deux jeunes filles portant, l'une, la tunique plissée et un coffret à étoffes d'où pendent deux rubans richement brodés, l'autre un coffret à bijoux et une branche de myrte. Auprès de ces figures est répétée toujours l'épithète **KAΛE**.

Bordures d'oves. Figures rouges sur fond noir. Trouvé à Vico Equense.

55. LEPASTÉ. Sur le couvercle, griffons et bustes d'Arimaspes séparés par des palmettes; autour de la coupe, guirlande de laurier.

Trouvé à Cumes.

POTERIES ITALO-GRECQUES

56. PÉLIKÉ. Dionysos barbu et revêtu de la *bassara*, tenant un thyrse de la main gauche, et présentant avec la droite un canthare rempli de vin à un Satyre. Celui-ci tient également un thyrse, et exprime avec une grimace grotesque sa satisfaction.

Revers : Éphèbe tenant une torche, poursuivi par un autre.

Imitation des vases attiques du Vᵉ siècle.   Haut. : 0 ᵐ 28.

57. SITULE. Dionysos dans un bige attelé de griffons; derrière lui, Papposilène jouant de la double flûte, et une colombe au vol

parée de bandelettes. Au-dessous de ce groupe : Silène à gauche, puisant avec son *prochous* dans un grand cratère orné de peintures. Derrière le cratère, une femme à demi nue assise, tenant un plateau rempli de fruits. Une jeune femme, vêtue d'une tunique et d'un manteau richement brodé, est assise derrière le Silène.

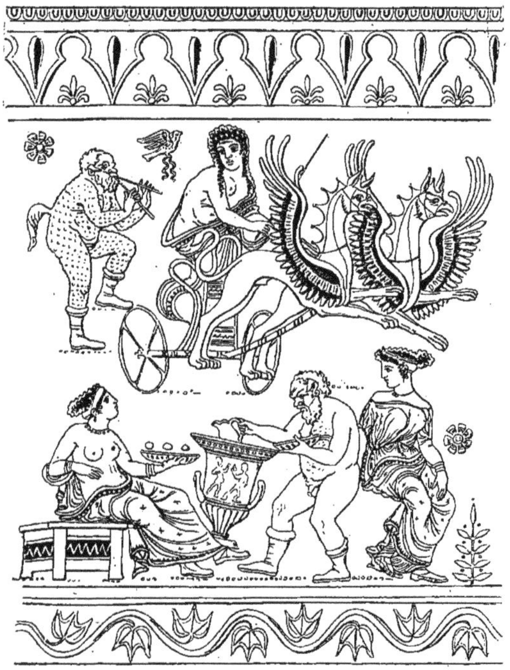

Revers : Dionysos nu, assis à gauche, tenant une patère et un thyrse. Il regarde une femme drapée, debout devant lui, tenant un tambourin et un *prochous* cannelé. Derrière le dieu un petit faon et un satyre portant un coffret et une couronne.

Bordures d'oves, de palmettes et de branches de lierre. Sur le fond du vase on voit l'esquisse d'une tête de jeune femme de face, souriante. (Détail unique.)

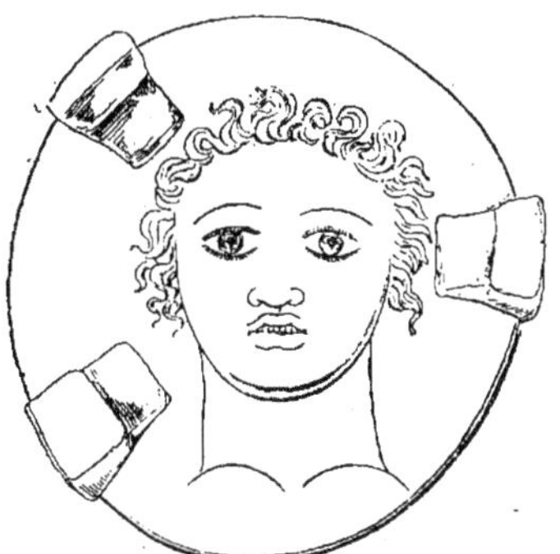

Ce vase absolument remarquable, est fait en imitation d'une situle de bronze ; il pose sur trois pieds, et deux palmettes en relief simulent les anses. Figures rouges rehaussées de blanc et jaune. Fabrique de Ruvo. — Voyez pl. II, n° 10, et la vignette.   Haut. : 0 m 26.

58. PETIT LÉCYTHE de fabrique campanienne. Femme assise tenant une couronne ornée de bandelettes.

Figure noire, rehaussée de blanc et jaune, sur fond jaune pâle.

Haut. : 0 m 15.

59. LÉCYTHE de fabrique campanienne. Une femme parée de bijoux, assise, tient de la main droite un coffret, et tourne la tête vers une suivante qui lui présente un miroir; devant elle un Éros s'amusant au jeu du kottabos.

Figures jaunes rehaussées de blanc sur fond noir.

Haut. : 0 m 25.

60. GRANDE HYDRIE. Tableau divisé en plusieurs registres. Sur la partie supérieure, une jeune femme, un éphèbe et un génie funèbre assis; dans un second registre deux femmes debout, apportant

des offrandes auprès d'une stèle ; sur un plan plus élevé deux
éphèbes, armés de lances, et coiffés de bonnets ovoïdes.

Figures rouges rehaussées de blanc et jaune. Fabrique campanienne. —
Voyez pl. IV, n° 2. Haut. : 0 m 52.

61. GRANDE HYDRIE. *Offrande au tombeau.* Heroon au milieu duquel
est une femme drapée, assise à gauche, se regardant dans un
miroir qu'une autre femme tient à la hauteur de son visage. De
chaque côté de l'édifice, une femme apportant des offrandes. Riche
décor de palmettes.

Figures blanches rehaussées de jaune, et figures rouges détaillées de blanc.
Très bel exemplaire de la fabrique de Canosa. — Voyez pl. IV, n° 5.
Haut. : 0 m 55.

62. GRANDE AMPHORE. *Offrande au tombeau.* Dans un *heroon* aux colonnes
d'ordre ionique, deux femmes drapées, l'une debout, tenant un
éventail, l'autre inclinée, posant un siège à terre. Auprès de l'édifice, un éphèbe et une jeune femme avec des offrandes.

Revers : Ménade tenant une situle, et Satyre courant devant
elle, et se retournant pour lui présenter un plat chargé de fruits ;
au-dessus, plane un Génie funèbre.

Figures blanches rehaussées de jaune ou rouges rehaussées de blanc, sur fond
noir. Le col du vase est orné de palmettes et d'une couronne de laurier ; les
anses de branches de laurier, les épaules de palmettes et rinceaux. Fabrique de
Canosa. — Voyez pl. IV, n° 4.
Haut. : 0 m 56.

63. Jolie hydrie à vernis noir, la panse ornée d'une guirlande de feuilles
de lierre, et de corymbes, peinte en blanc avec rehauts jaunes.
Fabrique dite d'Egnathia.

Campanie. — Voyez pl. IV, n° 3. Haut. : 0 m 28.

64. Plat à poissons. Peinture jaune à détails noirs sur fond rouge,
représentant des poissons.

Cumes. (Reinach, *Rep.*, II, p. 172.) — Voyez la vignette.

65. Autre avec poissons et crustacés. Peinture jaune sur fond noir.

Cumes.

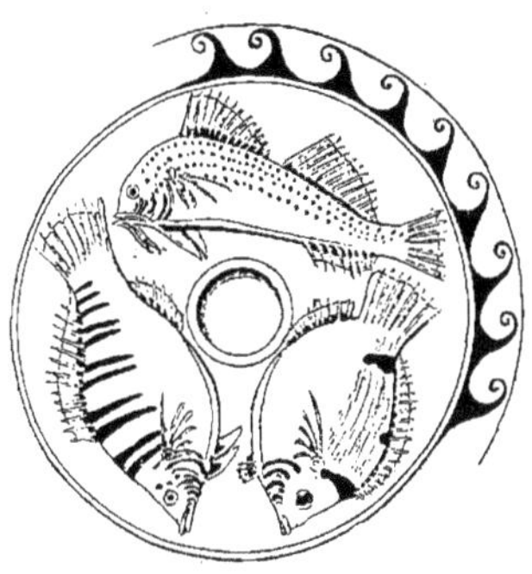

VASES A FOND UNI

66. CANTHARE étrusque en *bucchero* noir. Anses surélevées.

67. PETIT CANTHARE de forme très gracieuse.

Coloration en blanc, rose et bleu. Imitation apulienne des poteries attiques à couverte blanche. — Voyez pl. V, n° 3.

68. TRÈS GRANDE HYDRIE cannelée et ornée de dorures. Un cercle de perles et glands en relief, colorés et conservant des traces de dorure, cerne le col, simulant un collier d'or délicatement posé sur ce beau vase. Autour de l'orifice, une frise de godrons dorés; moulures d'or à la naissance des anses.

Capoue. Brillant vernis noir. C'est une des plus belles pièces de ce genre. (*Helbig, Bull. Ist.*, 1873, p. 126. — Voyez pl. I, n° 4.

Haut. : 0 ^m 55.

69. CHARMANTE PETITE ŒNOCHOÉ à vernis noir. Orifice trilobé; anse surélevée formant une volute très élégante et amortie par un masque de Silène.

70. Autre faisant pendant à la précédente. Panse godronnée.

Voyez pl. V, n° 4.

71. CANTHARE à vernis noir, d'une rare élégance de forme.

Cumes. — Voyez pl. V, n° 13.

72. Deux petites œnochoés de forme très gracieuse, faisant pendant. Orifice façonné en bec orné de rouelles; anse surélevée. Vernis noir.

Voyez pl. V, n°s 7 et 9.

73. Œnochoé campanienne à vernis noir. Bouche trilobée, panse godronnée. — Petite amphore à vernis noir. — Deux petits lécythes à vernis noir; panse godronnée.

Cumes.

74. JOLIE œNOCHOÉ à orifice trilobé. L'anse surélevée avec ornements poinçonnés, est amortie par un petit masque tragique et par une tête de lion. Terre rouge. Travail romain.

VASES ET COUPES AVEC SUJETS EN RELIEF

75. Aryballe corinthien en forme de tête humaine armée d'un casque à géniastères, avec frontal saillant. Un petit goulot s'élève au-dessus du casque.

Peinture en brun rougeâtre rehaussé de blanc. Détails gravés. Orvieto.

75 *bis*. Autre; mais la tête casquée est renfermée dans une petite case formant flacon.

Trouvé à Capoue.

76. Guttus en forme de Syrène coiffé d'un calathos. Ancien style.

Traces de peinture rouge. — Voyez pl. V, n° 12.

77. Guttus en forme de taureau couché, retournant la tête. Sur le dos, une petite anse et orifice à filtre. Le museau est perforé et sert de déversoir.

Traces de peinture rose. Capoue. — Voyez pl. V, n° 14.

78. Askos en forme de canard. Décor charmant.

Vᵉ siècle. Trouvé à Città di Pieve. — Voyez pl. V, n° 10.

79. Lécythe en forme de tête de nymphe d'ancien style. Bouche souriante, les yeux obliques, les cheveux frisés en bouclettes sur le front.

Capoue. — Voyez pl. V, n° 2.

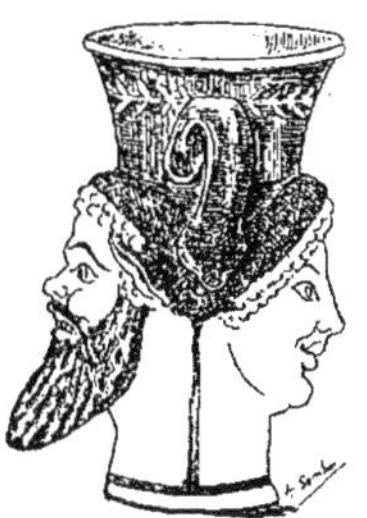

80. Rhyton en forme de têtes conjuguées de Silène et de Ménade (on a proposé aussi les noms d'Alphée et Aréthuse). Le visage du satyre grimaçant, la barbe en éventail, les yeux écarquillés, les sourcils arqués ; le visage de la bacchante est souriant, les yeux un peu bridés, les cheveux bouclés. Le goulot du vase peint en noir est cerné par une guirlande de laurier.

Beau style du vᵉ siècle. Trouvé à Capoue (Sᵃ Maria). Voyez la vignette et pl. V, n° 8.

81. Askos en forme de canard dont les ailes sont ornées de bas-reliefs représentant une femme couchée tenant une lyre de la droite.

Trouvé à Orvieto. — Voyez pl. V, n° 6.

82. Charmant petit vase en forme de coquille.

83. Rhyton en forme de tête de taureau, d'un modelé exquis. Le museau est perforé de manière que le liquide puisse s'échapper en un mince filet.

> Brillant vernis noir, détails colorés en rouge. Capoue. — Voyez pl. V, n° 11.

84. Guttus orné d'une tête de nègre en relief de forte saillie et d'un très beau style. Orifice latéral façonné en tête de lion. Couverte noire. Panse cannelée.

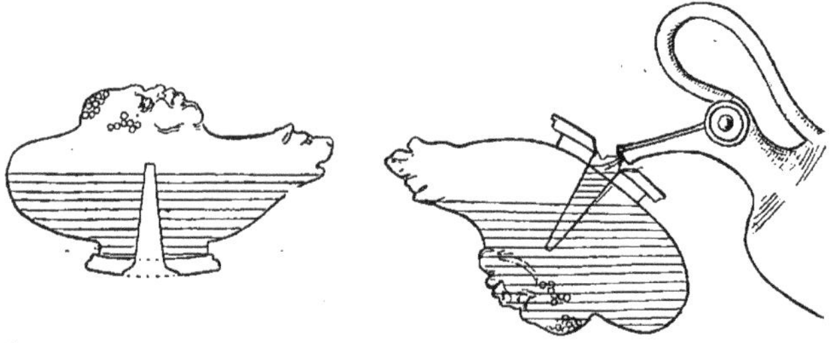

> La façon dont se remplissait ce biberon mérite d'être signalée : c'était une manière excessivement ingénieuse pour empêcher que le liquide fût contaminé par la poussière ou autres corps étrangers. Nous donnons un croquis pour expliquer cet appareil hygiénique. Capoue.

85. Guttus en forme de barillet (γαῦλος).

> Couverte noire à la plombagine. Capoue.

86. Petite coupe (Cylix). Au fond, l'empreinte en relief d'un petit médaillon d'argent gravé par Evainetos, pour la ville de Syracuse, (tête d'Aréthuse à gauche, coiffée de roseaux et entourée de dauphins). Autour du médaillon une bordure poinçonnée (palmettes, etc.).

> Couverte noire à la plombagine. Trouvé à Cumes. Ces poteries, par leur vernis métallique, imitaient les coupes en argent, qui, ayant de véritables médailles d'Evainetos enchassées à l'intérieur, étaient données comme prix aux vainqueurs des jeux.

87. Coupe avec sujet en relief. Un crabe s'apprêtant à saisir entre ses pinces une grenouille.

Couverte noire à la plombagine, imitant une pièce d'argenterie. Pièce très rare, qui fait penser aux modèles des fameux *plats à poisson* de Palissy. Cumes.

88. Askos façonné en forme de chien couché. Vernis noir.

Capoue.

89. Cotylé à une anse ; le corps du vase a la forme d'une pomme de pin. Vernis noir. Capoue.

90. Askos façonné en forme d'osselet. Vernis noir.

Capoue.

91. Askos orné d'un médaillon en relief qui représente une Ménade courant à droite et tenant une panthère.

Vernis noir, médaillon sur fond rougeâtre. Publié par Minervini, *Bull. arch. nap. n. s.* Capoue.

92. Autre avec tête de Bacchante se détachant, en relief de forte saillie.

Panse cannelée, anse façonnée en anneau. Couverte plombaginée. Capoue.

93. Autre. Bacchus sur une panthère. Vernis noir.

Capoue.

94. Magnifique prochous façonnée en tête de femme, parée de bijoux et coiffée d'un kékryphale à filet rouge.

Ton de chair blanc, détails en brun et rouge. Le col du vase, à bouche trilobée, est peint en noir et strié de jaune. Fabrique de Canosa. Trouvé à Cumes. — Voyez pl. IV, n° 1.

95. Rhyton en forme de tête de renard. Sur le col un génie ailé et androgyne, dans un cadre orné de palmettes. Ruvo.

La tête à couverte noire avec détails en blanc, jaune et rouge, le col, peinture noire, rehaussée de blanc et jaune, sur fond rouge. — Voyez pl. V, n° 15.

96. Jolie petite pyxis de fabrique campanienne en forme de fruit.

97. Plateau avec cloche en terre cuite ornée d'une tête de Méduse
en bas-relief.

> Cumes.

97 *bis.* Askos, en forme d'outre munie de deux goulots et de trois anses.
Sur la panse, des guirlandes de laurier peintes en blanc, jaune
et rouge sur fond noir. Fabrique campanienne.

98. Petit canthare avec anses tressées en nœuds, et orné de petites
appliques représentant des Amours musiciens.

99. Coupe ornée de bas-reliefs. Personnage barbu, coiffé d'un bonnet
ovoïde, et une femme jouant de la lyre, séparés par un arbuste.
Marque du pottier N·N·H.

> Trouvé à Capodimonte (Naples).

POTERIE ÉMAILLÉE

100. Masque de Bacchus Hebon ou d'Acheloüs d'ancien style. Petite
applique découpée en terre cuite à glaçure brune.

101. Beau fragment d'un grand vase émaillé avec sujets en relief. Silène
discobole debout, grisé par les fumées du vin, au milieu d'un
décor de ceps de vigne. Beau style hellénistique. Glaçure verte.
Belle irisation argentée.

102. Œnochoé. Anse surélevée et amortie par un petit masque ;
cannelures torses sur la panse. Glaçure verte. Goulot cassé.

103. Œnochoé décorée d'un collier et d'un petit bas-relief représentant
une Ménade : « *la Bacchante en extase* ». Émail jaune. Parties
refaites.

104. Lampe en forme de tête d'éléphant dont la trompe fait office de
bec. Glaçure verte. Irisation argentée.

105. Lampe. Hadès-Sérapis assis de face; à sa droite Cerbère. Glaçure
verte. Irisation argentée.

TERRES CUITES ITALO-GRECQUES ET ALEXANDRINES

106. Masques (oscilla) en relief plat et découpé, ayant servi de décor
pour les chambres sépulcrales de Capoue. Têtes de Méduse
d'ancien style, de taureau anthropoïde (Bacchus Hebon ou
Acheloüs) de Silènes, Satyres. (V. Bullettino dell' Instituto, 1865,
p. 166-167; 1880, p. 133).

Terre jaune pâle, avec traces d'engobe et de couleur rouge. Ce lot sera
divisé.

107. Buste de Silène, coiffé d'un calathos, tenant des deux mains un
grand *skyphos* qu'il s'apprête à approcher des lèvres entr'ouvertes.
Style excessivement curieux.

Voyez la vignette.

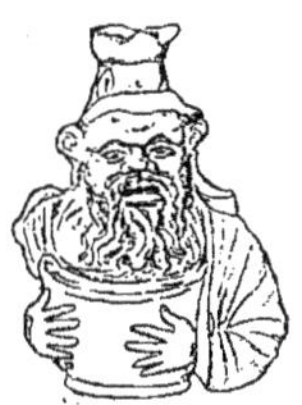

108. Groupe représentant une jeune fille en portant une autre sur son
dos (probablement le jeu de l'éphédrismos).

Capoue.

109. Éros adolescent appuyé à une colonne funéraire, dans une pose exprimant la douleur. Ton de chair, ailes peintes en bleu et en rose tendre, écharpe bleue nouée autour des reins.

Canosa.

110. Jeune fille marchant. Un pan de l'himation lui enveloppe la tête en guise de capuchon, et elle resserre la partie inférieure autour de son corps avec un geste frileux. Engobe et coloration rose.

Capoue.

111. Jeune fille drapée dans son himation, la coiffure ornée d'une guirlande de lierre, appuyant le bras gauche à une colonne. Engobe et traces de couleur rose.

Capoue.

112. Jeune femme debout, appuyée à une colonne; son chiton laisse à découvert le sein gauche, un manteau avec traces de coloration enveloppe le bas du corps.

Haut. : 0^{m}25.

113. Papposilène allant à grands pas vers la droite, et traînant un bouc.

114. Figurine de femme nue, assise dans une pose raide. Traces de coloration.

Canosa.

115. Figurine drapée d'Éros.

Cumes.

116. Bacchante. Petite applique découpée.

Capoue.

117. Trois figurines d'Éros et de fillettes jouant à la balle.

118. Bouclier ovale.

119. Dix petites têtes de femmes, à coiffures variées.

    Capoue.

120. Fragment de vase avec sujet à ronde bosse. Cavalier cuirassé, lançant son cheval au galop.

    Canosa.

121. Fragment d'une frise avec bas-relief à figures grotesques. Sujet : Deux pygmées, la figure grimaçante et le corps difforme, dans

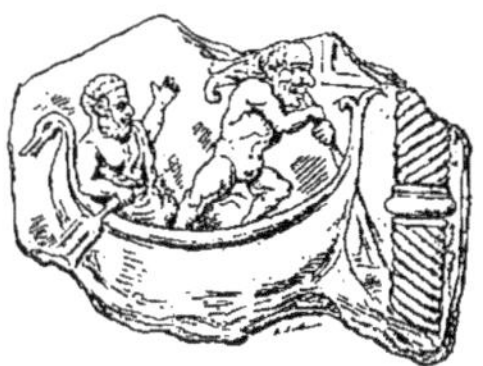

une nacelle amarrant près d'un portique. Traces de coloration.

    Alexandrie. — Voyez la vignette.

        Long. : 0^{m}22; Haut. : 0^{m}15.

122. Petite brique avec deux sujets en relief servant probablement pour la confection d'amulettes contre la maladie ou le *fascinum*. On

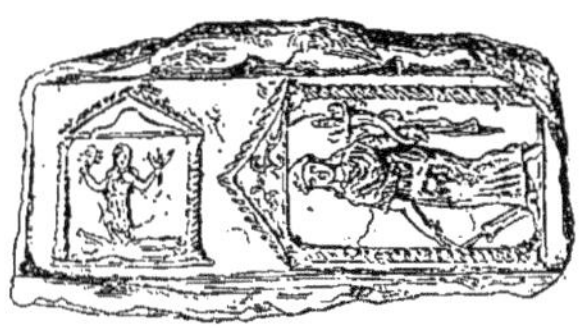

y voit la figure d'Isityche et celle d'Isis-Hygie foulant aux pieds la Maladie.

    Voyez la vignette.

123. Lampe romaine en terre-cuite. Sujet satirique : Personnage drapé
sur un cheval lancé au galop. Il tourne la tête en arrière, tient
de la main droite un gouvernail, et fait avec la gauche le geste

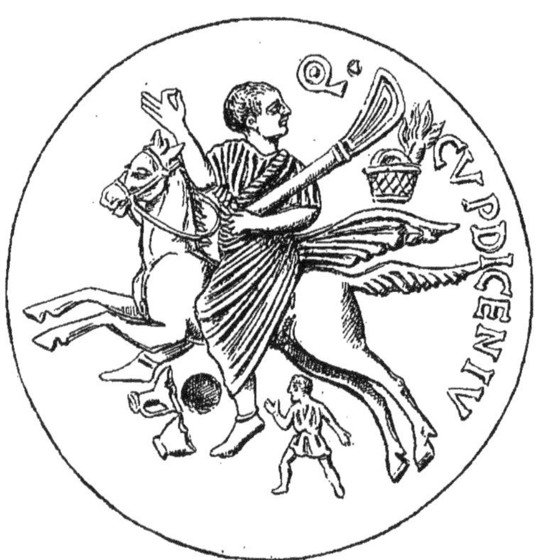

de la *fica*. Dans le champ, un petit seau avec un tison ardent,
une cruche cassée et une petite figure d'homme en course.
Autour la légende : **Q· CVPDICENIV·**

Voyez la vignette.

124. Deux lampes. Sujets : Le centaure Nessus enlevant Déjanire. —
Amours jouant avec un lion. Terre rouge.

125. Trois lampes. Sujets : Victoire entre deux *lares militares.* —
Victoires soulevant un bouclier avec inscription : **OB-CIVIS-SER.**
— Deux lares.

126. Quatre lampes : La Fortune assise. — Minerve debout. — Aigle
sur un foudre. — Cratère avec un cep de vigne.

127. Cinq lampes romaines en terre cuite. Sujets : Deux gladiateurs.
— Deux lares auprès d'un autel. — Deux Victoires emportant
un écriteau avec **CIVIS SERV**, au-dessus d'un autel. — Bacchante.
— Coquillage.

128. Trois lampes : Gladiateurs et pugiliste.

129. Trois lampes : Pêcheur à la ligne. — Hécate. — Barbare en adora-
ration.

130. Grande lampe en terre cuite. La poignée est ornée d'un croissant
surmonté d'un buste de Diane.

131. Lampe à deux becs. La poignée est ornée d'un semis de fleurs.

132. Lampe à sept becs. — Autre à cinq becs.

133. Moules en terre cuite. Sujets : Buste de femme. — Dionysos et son
thiase. — Ornements pour manche de patère.

VERRERIE

---

134. Grande aiguière de très ancien style, en pâte d'un blanc laiteux.
Goulot tréflé ; anse striée et surélevée ; panse sphérique. Un fil
violet descendant le long du col, fait plusieurs fois le tour de la
partie supérieure de la panse, tantôt en cercles simples, tantôt

en zigzags. L'orifice et le piédouche sont ornés d'une lisiére vio-
lette.

Haut. : o^m 11.

135. Grande aiguière d'ancien style en verre bleu cobalt. Bouche trilobée, anse à volute élégante, panse cylindrique évasée dans le
haut et légèrement côtelée. Incrustations en blanc et jaune, formant un gracieux dessin de barbes de plumes. Des fils jaunes
en relief contournent le col. Belle irisation.

Cumes. Haut. : o ^m 12.

136. Aiguière d'ancien style en pâte bleu cobalt. Bouche trilobée, anse
surélevée, panse sphérique côtelée. Une large bande couleur vert
tendre cerne la panse, en guise de ruban plissé, et elle est ornée
de chevrons noirs listés de jaune. Un fil jaune fait plusieurs fois
le tour du col.

Haut. : o ^m 095.

137. Amphorisque en pâte bleu cobalt; le corps du flacon a pour décor
un large ruban tressé de fils jaunes et blancs à zigzags.

Haut. : o^m 072.

138. Aryballe en verre bleu cobalt avec petites anses formant volute.
La panse est ornée d'un large ruban moiré de jaune et de vert
tendre. L'émail est d'une fraîcheur extraordinaire, tandis que les
zigzags verts ont pris une jolie irisation.

Cumes. Haut. : o ^m 70.

139. Petite amphore de forme très gracieuse, en bleu cobalt foncé. La
panse est orné de chevrons et de cercles concentriques jaunes, le
col de fils jaunes se croisant et noués près de l'anse gauche
(anses restaurées).

Cumes. Haut. : o ^m 10.

140. Grand alabastre en verre bleu foncé, avec imbrications jaunes
vertes et blanches.

Trouvé à Cumes. Haut. : o ^m 168.

141. Deux charmantes aryballes en pâte verte, faisant pendant. Le corps, sphérique, est cerclé par un large cordon tressé de fils blancs, qui, noué aux deux oreillettes du flacon, simule une attache de suspension. Un petit rond jaune est incrusté au centre de la panse; un fil jaune, en relief, cerne le col et l'orifice. Splendide irisation nacrée.

Cumes.   Haut. : 0 ^{m} 052.

142. Grand pendentif en forme de tête barbue (le dieu Melqart de Tyr, selon M. Froehner). Pâte blanche incrustée de bleu. Les cheveux et la barbe sont formés par des spirales de verre agglutiné (détail très rare). Il est uni à un collier de grosses perles en pâte bleue de différentes nuances. Belle irisation argentée.

Trouvé à Cumes.

143. Balsamaire en pâte d'un vert brillant, avec incrustations nuancées en noir jaune et en différentes gradations de vert d'un effet ravissant. On dirait des spirales d'algue marine encore ruisselantes d'eau.

Haut. : 0 ^{m} 078.

144. Balsamaire en pâte bleu turquoise, nuancée et ornée de spirales nuageuses en blanc. Très rare, et d'un charmant effet.

Haut. : 0 ^{m} 093.

145. Flacon pomiforme en verre bleu cobalt.

Haut. : 0 ^{m} 065.

146. Petit flacon piriforme en verre bleu cobalt.

Haut. : 0 ^{m} 033.

147. Pyxis avec son couvercle en verre bleu, incrusté de larges rubans ondulés en or et en blanc nuancé de couleur d'ambre. Cercles concentriques gravés.

Pièce très rare. C'est une des plus belles, sorties de la nécropole de Cumes.

Haut. : 0 ^{m} 043.

148. Flacon piriforme en verre couleur ambre. Belle irisation dorée
avec reflets à couleurs prismatiques.

Cumes.   Haut. : o ^{m} o8.

149. Petite ampoule en verre couleur vert de mer avec superbe irisation
interne argentée.

150. Coupe en verre multicolore simulant des rubans violets ourlés de
blanc et de jaune s'enroulant en spirales très serrées. Lisière
verte cernée par les spirales d'un fil blanc.

151. Coupe en verre blanc avec incrustations en or, représentant un
arbre de laurier près d'un édifice.

Trouvé à Cumes.

152. Superbe coupe côtelée en verre jaune. Irisation nacrée.

Diam. : o ^{m} o7.

153. Coupe côtelée en verre verdâtre.

Diam. : o ^{m} 12.

154. Charmante petite œnochoé en verre bleu, le col cerné par un
anneau en relief.

155. Baguette en verre polychrome formant une spirale terminée aux
extrémités par deux gros boutons. Belle irisation.

Long. : o ^{m} 165.

Il semblerait que ces baguettes eussent servi à préparer des fards ; néan-
moins, dans des fouilles récentes, on en a trouvé une passée dans une bague
d'ambre. Servaient-elles peut-être à enrouler les bagues dans les écrins ?

156. Amphorisque moulé, en verre violacé. Décor : une large bande de
rinceaux entre deux rangs de cannelures. Belle irisation nacrée.

Haut. : o ^{m} 70.

157. Gobelet en verre moulé. Décor : une *grecque* ayant dans les interstices des annelets alternant avec des ornements en forme d'amande. Bordure d'annelets à l'embouchure et au pied. Belle irisation argentée. Parois d'une légèreté incomparable.

Haut. : 0 m 014.

158. Petit flacon en verre marron, posant sur trois pieds. (Boscoreale.)

159. Flacon en verre violacé. Anse coudée. Belle irisation.

160. Petit flacon à large embouchure; panse à quatre faces déprimées Belle irisation argentée.

161. Gobelet en forme de deux cônes tranchés à la base et superposés.

162. Petite coupe en verre moulé. Décor, une frise de rinceaux.

163. Petit flacon à une anse, ornée d'un rang de chevrons en verre agglutiné bleu.

164. Grand flacon à corps cylindrique, se rétrécissant vers le haut, et ayant quatre cercles incisés, à intervalles égaux. (Pompéi.)

165. Grand bol en verre. Jolie irisation.

Diam. : 0 m 18.

166. Verre à boire, en forme de corne. Un ruban agglutiné descend le long du verre en se plissant et formant anse à mi-hauteur ; une spirale s'enroule autour de l'extrémité. (Très rare.)

167. Petit gobelet en verre bleu. (Boscoreale.)

168. Fragment de frise en verre bleu : masque et fleuron. Superbe irisation.

169. Beau fragment d'une frise en verre bleu. Buste de femme de face, les cheveux tombant sur les épaules. (Rome.)

170. Petit médaillon en verre bleu. Buste d'enfant (Annius Verus ?) Superbe irisation. (Rome.)

171. Cinq petites têtes de bélier, une tête de loup et une petite lampe en pâte multicolore. (Cumes.)

172. Seize boutons ou pions de jeu en verre multicolore. (Cumes.)

173. Amulette en verre jaune; sujet : un lion passant. — Fragment de coupe avec inscr. : APTAC CEIΔΩ et ARTAS SIDON.

174. Cinq pâtes de verre simulant des pierres fines et trois bouchons en verre.

BIJOUX D'OR

---

175. Spirale en or (ἐλίϰτηρες) destinée à serrer les boucles de cheveux, ou à s'enrouler autour d'une des bandes du kékryphale. Les extrémités sont enrichies d'un travail exquis d'annelets, de denticules granulés et de rangs de méandres, représentant des serpents. Style très ancien.

Cumes.

176. Petite plaque en or estampée. Cerf au repos. Ancien style.

Cumes.

177. Collier grec en or. Chaîne à double maille, passant à travers
quarante petites cupules d'or; les fermoirs s'amortissent par
des têtes de jeunes taureaux d'ancien style.

Canosa.

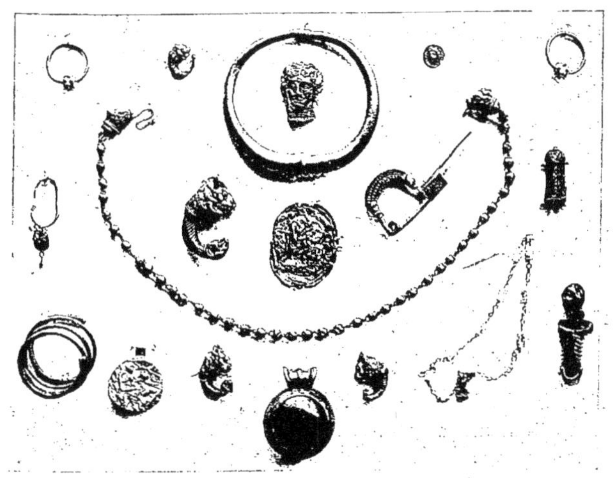

178. Superbe fibule en argent, revêtue d'une plaque en or estampée et
ornée de filigranes. Motif : plusieurs rangs de globules roulant
dans un méandre.

Piedimonte d'Alife.

179. Collier grec. Chaîne tressée se terminant par deux têtes de lion.

Pouzzoles.

180. Pendentif ayant la forme d'une tête de jeune femme coiffée d'un
sakkos, et parée de bijoux : charmante petite pièce d'un style
délicieux.

Cumes.

181. Grande et superbe boucle d'oreille en or, figurant un masque de
lion enté dans une corne d'abondance terminée par une petite
tête de bélier. Gorgerin égayé par une guirlande de feuillage
et fleurs. Travail grec d'un goût et d'une finesse remarquables.

Haut. : 0^{m}42.

182. Paire de boucles d'oreilles, terminées par deux masques de lion :
un grand et un petit. Guirlandes de lierre en fils rapportés. La
partie centrale en torsade, imitant une corne d'abondance, est
bordée de feuilles.

Haut. : 0^{m}27.

183. Boucle d'oreille. Masque de lion enté dans une corne d'abondance.

184. Paire de boucles d'oreilles en torsade, terminées par des têtes de
lion.

185. Pendentif de collier. Plaque estampée représentant une Ménade
sur une panthère.

186. Chaton de bague : tête de Méduse de face. Travail grec, d'un
style délicieux.

187. Bulle étrusque en or.

188. Bracelet étrusque en or.

189. Petite chaîne en or, à double maille, passant à travers douze
prismes de verre verdâtre à jolie irisation, et terminée par une
statuette d'Harpocrate en or massif.

189 *bis*. Pendentif en forme de petite lanterne.

190. Pendant d'oreille byzantin en or. Travail ajouré.

191. Paire de boucles d'oreilles. Anneau traversant un dodécaèdre dont les facettes sont ornées de globules en relief. Travail mérovingien.

SCULPTURES EN IVOIRE & EN OS

---

192. Poignée d'épée et bouterolle en os gravé d'époque très ancienne.

193. Poignée d'épée ornée de cercles concentriques et de piquants. Ancien style.

194. Trois pieds de siége en os sculpté, représentant des masques de lion. Ancien style.

Alife.

195 Deux appliques représentant, en bas-relief, le buste de Persée.

196. Figurine d'ivoire représentant un enfant drapé. Travail étrusque.

Haut. : 0^{m}09.

197. Petite plaque en ivoire ornée d'un bas-relief représentant un
buste de Silène.

Voyez la vignette.   Long. : 0 m 06.

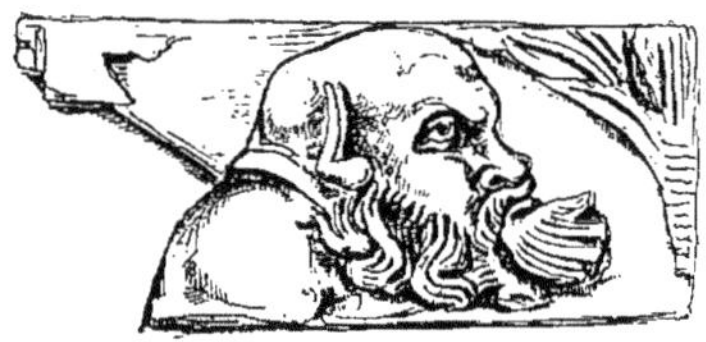

198. Applique en ivoire brûlé avec bas-relief représentant un soldat
portant des dépouilles. Très beau travail romain.

Haut. : 0 m 11.

199. Petite figurine en os. Personnage dans l'attitude de la marche.
Travail romain.

200. Boîte à farder.

201. Manches de couteau. Sujets de décor : un bras tenant un dip-
tyque sur lequel sont gravées les lettres F A ; masque de lion
enté dans une griffe.

202. Épingle terminée en buste de femme.

FIGURINES EN BRONZE

ÉTRURIE

203. Mars italique en attitude de combat. Corps plat et élancé ; casque
surmonté d'une grande crista, cuirasse avec son ceinturon,
ornée de dessins au burin.

Ancien style. Belle patine.   Haut. : 0 ^{m} 27.

204. Déesse étrusque de très ancien style, vêtue d'une tunique qui
s'applique étroitement au corps et qui est minutieusement
ornée de ciselures, indiquant des ornements d'or et des bro-

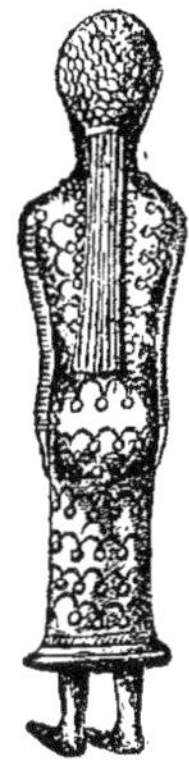

deries ; les bras sont étendus le long du corps, la chevelure
tombe le long du dos, les pieds sont chaussés de souliers
pointus.

Belle patine verte. — Voyez la vignette et pl. VI, n° 10.
          Haut. : 0 ^{m} 15.

205. Deux cavaliers côte à côte, dont l'un chevauchant et l'autre
glissant à bas de son cheval. (Peut-être la course des *apobates*.)

Petite applique de style archaïque. Support en velours blanc. — Voyez
pl. VIII, n° 6.

206. Sirène au repos, la tête coiffée d'une calotte. Charmant petit
bronze recouvert d'une patine stagnifère et finement incisé.

Ancien style. Socle en marbre rouge. — Voyez pl. VI, n° 7.

207. Grande urne cinéraire d'ancien style étrusque, posant sur un
support orné de trois griffes de lion. *Criophore et Sirènes.* Au
centre du couvercle se dresse une figurine représentant un

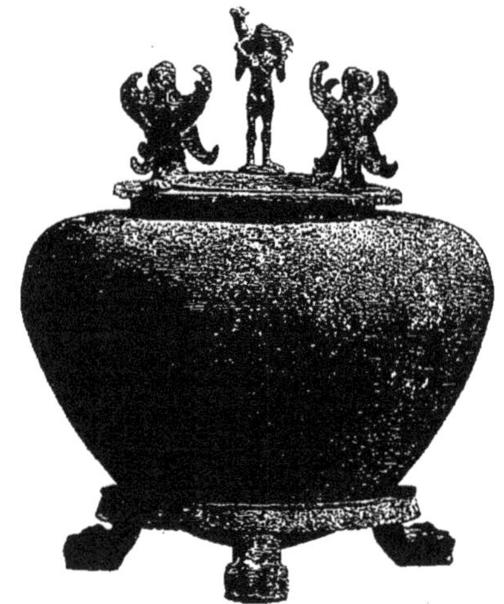

homme nu et imberbe, debout, portant un bouquetin sur ses
épaules; sur le bord du vase sont posées quatre appliques
représentant des Sirènes, les jambes d'oiseau et le haut du
corps humain, ayant quatre ailes redressées et arrondies, et

tenant les paumes étendues. La panse est décorée d'une large bande de godrons et d'une frise de fleurons gravés à la pointe.

Belle patine verte. Trouvée à Capoue. (J. Von Duhn, *Ann. dell' Inst.*, 1879. *Mon. dell' Inst.*, 1879, vol. XI, pl. VI, nᵒˢ 2, 4, 6. — Reinach, *Rép. Stat.*, t. II, 551 et 701). — Voyez la photogravure.

Haut. : 0 ᵐ 40.

208. Jeune *orant*, les bras avancés symétriquement, les paumes étendues. Figurine d'ancien style, étrusque, d'un modelé très vigoureux.

Le bronze, d'un alliage fortement cuivré, n'ayant subi aucune oxydation; les contours et les ciselures sont conservés avec une netteté incomparable. Socle en lapis. — Voyez pl. VI, nᵒ 2.

209. Sphinx femelle, assis de face, les ailes éployées et arrondies.

Ancien style étrusque. Pied de ciste finement ciselé. — Voyez pl. VI, nᵒ 12.

210. Déesse de style ancien (Vénus?) coiffée du *tutulus* et vêtue d'une tunique longue à manches, richement brodée. Elle lève la main droite, et soulève avec la gauche un pan de son vêtement.

Voyez pl. VI, nᵒ 4.   Haut. : 0 ᵐ 12.

211. Figure virile retenant par la crinière un cheval qui se cabre. (Bellérophon domptant Pégase?)

Ornement de ciste. Ancien style étrusque. Patine verte. *Mon dell' Inst.*, 1879, vol. XI, pl. VI, nᵒ 7. Socle en lapis-lazuli. — Voyez pl. VI, nᵒ 5.

212. Homme nu et imberbe (sacrificateur étrusque ou Apollon), dont les bras, levés symétriquement, soutiennent deux béliers couchés en sens inverse.

Ancien style étrusque. Manche de patère. — Voyez pl. VI, nᵒ 9.

Haut. : 0 ᵐ 21.

213. Même figure soutenant un ornement à volutes.

Manche de patère. — Voyez pl. VI, nᵒ 13.

214. Miroir étrusque gravé. Minerve ailée d'ancien style. Elle est vêtue
d'un chiton talaire et d'un peplos et tient une lance de la main
droite et du bras gauche étendu un bouclier ovale.

Acheté à Rome. — Voyez la vignette.

Diam. : 0ᵐ 155.

215. Grande plaque en bronze sur laquelle est gravée la partie antérieure d'un dragon.

Cette belle gravure devait servir à des orfèvres ou à des armuriers pour des
ouvrages repoussés. — Voyez la vignette.

Diam. : 0ᵐ 12 × 0ᵐ 12.

216. Masque de Gorgone, la langue pendante, les cheveux frisés en
bouclettes.

Ancien style étrusque. — Voyez pl. VIII, n° 7.

217. Panthère aux abois, la gueule béante.

Bronze étrusque d'ancien style, finement incisé. Support en velours rouge.
— Voyez pl. VI, n° 11.

218. Tête de griffon. — Cervidès.

Ancien style étrusque. Patine verte. Supports en velours. — Voyez
pl. VI, n° 6.

219. Chouette. Travail étrusque. (Très rare.)

Haut. : 0ᵐ 07 ; long. : 0ᵐ 07.

220. Grande et superbe ciste étrusque reposant sur trois pieds en forme
de griffes, surmontés d'appliques représentant un génie funèbre
ailé, assis, tenant un chien par les pattes de devant. La poignée
du couvercle est formée par un magnifique groupe représentant
Minerve courant et conduisant par la bride un cheval bondis-
sant (Haut. : 0ᵐ 165). La déesse est vêtue d'une longue
tunique, porte la cuirasse couverte de l'égide, et un casque à
large *crista* avec les paragnathides relevées.

La boîte et le couvercle sont entièrement recouverts de
représentations incisées. Le sujet principal semble la glorifi-

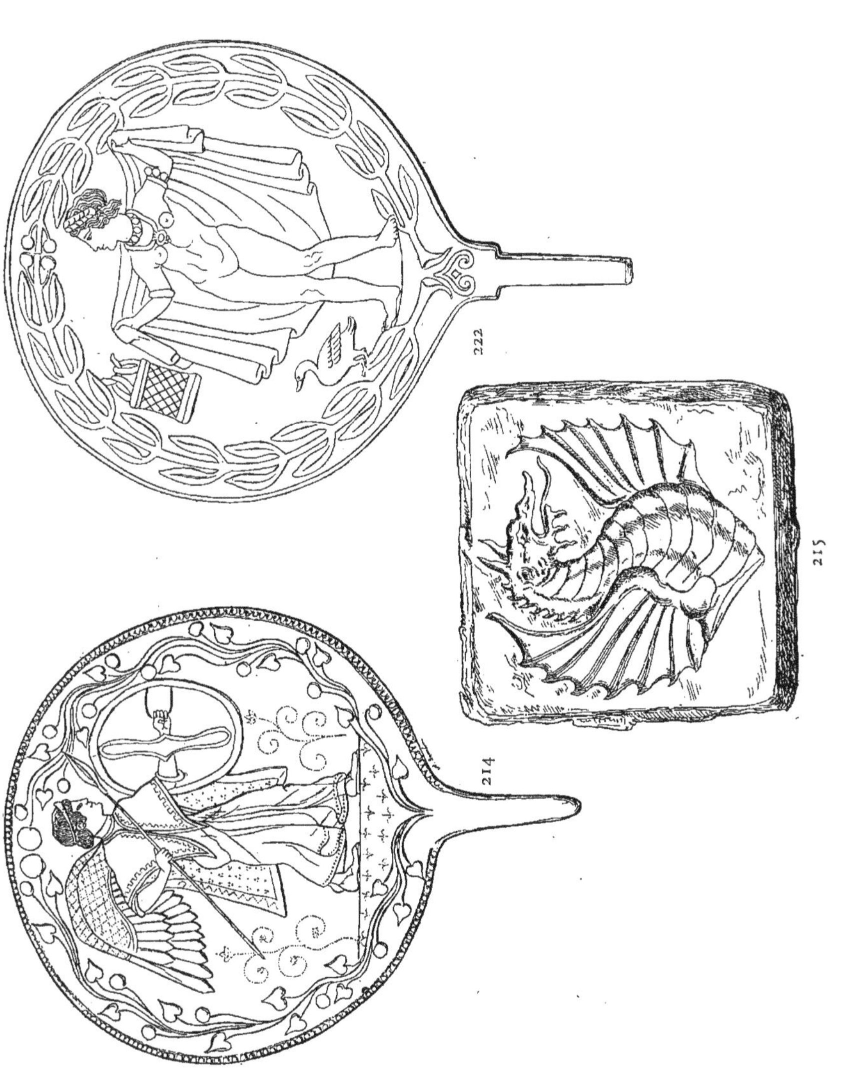

222

215

214

cation d'exploits palestriques et guerriers. On voit sur le premier plan un guerrier couronné par la Victoire; un autre guerrier est devant lui; plus loin, Apollon et un génie funèbre

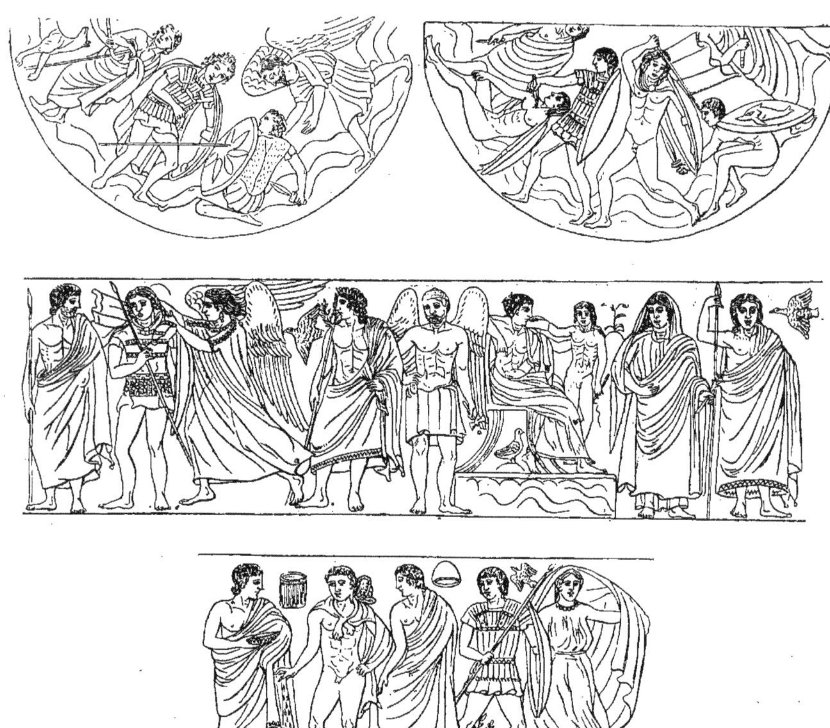

ailé (Charon) semblent assister à la scène. Un second registre nous montre un personnage assis sur une estrade, posant la main sur l'épaule d'un garçon qui tient à la main un fouet : probablement un vainqueur à la course. Un troisième registre

représente Hercule entre deux personnages drapés, dont un
tient une patère; plus loin encore, une femme courant entre
deux guerriers. Elle relève un pan de son manteau qui, gonflé
par le vent, lui fait comme un nimbe autour de la tête. Sur le
couvercle se déroulent des scènes de combat : un guerrier
blessé laisse tomber sa lance, et ses jambes fléchissent, tandis
qu'un autre déjà tombé est saisi par un génie de la mort; plus
loin une mêlée d'hoplites, et un guerrier qui égorge un pri-
sonnier. Les sujets du cylindre sont encadrés par des zones
représentant des pygmées et des divinités anguipèdes aux
prises avec des lions et des griffons ou des lions, des panthères
et des griffons attaquant des chevaux, des cerfs et des taureaux.
Six chaînettes sont suspendues autour de la boîte.

Trouvée à Prénestre. — Voyez pl. VII et la vignette.

Haut. : 0 ᵐ 58.

221. Figurine étrusque représentant une femme debout, parée de
bijoux, les cheveux frisés sur le front et en partie relevés sur le
sommet de la tête, en partie retombant en mèches sur la nuque,
à travers un bandeau bordé de perles. Elle pose une main sur
la hanche et avec l'autre relève sur l'épaule le vêtement, qui,
bien que maintenu par une grande boucle et par un cordon de
ceinture, glisse de façon à laisser à découvert presque tout le
devant du corps.

Manche de miroir muni d'un anneau à suspension. — Voyez pl. VI, n° 3.

Haut. : 0 ᵐ 20.

222. Miroir gravé. Vénus debout, diadémée et parée de bijoux, rame-
nant l'himation sur ses épaules nues. A ses pieds, un cygne;
dans le champ, une corbeille.

Bordure de lierre. Acheté à Naples. — Voyez la vignette.

Diam. : 0 ᵐ 16.

223. Magnifique miroir étrusque gravé. Un vainqueur à la course, conduisant deux chevaux, et devant probablement, pendant la

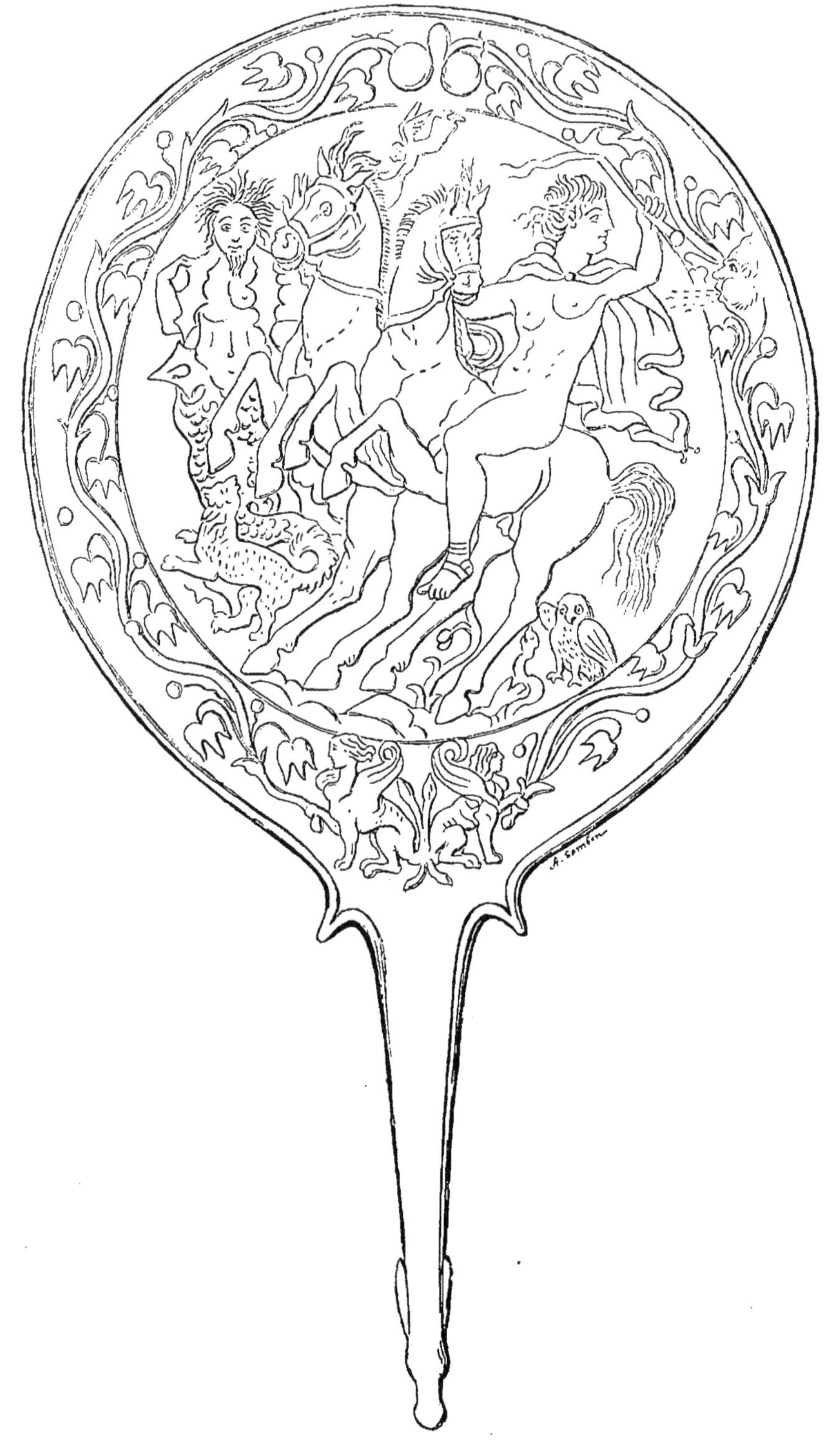

course, sauter de l'un à l'autre, à l'imitation des *anabates* de la Grèce. Il agite le fouet et regarde en arrière pour voir de combien il a devancé les autres cavaliers. Une Victoire couronne les chevaux, tandis que la tête d'une divinité du vent souffle sur eux comme pour en accélérer la course. Au fond, on voit une divinité anguipède; dans le champ, un chien maltais, une chouette et un serpent. Belle bordure de lierre prenant naissance de deux sphinx accroupis. Manche orné d'une tête de mulet. Rebord ciselé. Inédit.

Naples. — Voyez la vignette.

Diam. : 0 ᵐ 16.

224. Petit candélabre étrusque. La tige, façonnée en rinceau, est supportée par un groupe en ronde bosse : éphèbe nu, couronné de lierre, serrant la taille d'une jeune femme qui soulève au-dessus de sa tête un pan de son himation. La base porte sur trois griffes de lion, entées dans des gueules de griffons; la patère est ornée de colombes posées ou au vol.

Belle patine. — Voyez la photogravure.

Haut. : 0 ᵐ 46.

225. Vase de toilette étrusque en forme de tête de jeune femme, parée de bijoux. Les cheveux sont disposés en tresses relevées tout autour du front et nouées au sommet de la tête; une *sphendoné* les presse sur le devant. Sur le cou le mot étrusque ΛΗΙΟVW (*Suthina* = *salus* ?) gravé à la pointe.

Beau style et belle patine. — Voyez la photogravure, p. 52.

Haut. : 0 ᵐ 11.

226. Vase étrusque figurant une tête de femme, parée de bijoux. Les cheveux, frisés par bandes et noués au sommet de la tête, sont ornés d'une *stéphané*; quelques mèches tombent sur le front. Couvercle muni d'un anneau avec chaînette et anse à suspension.

Très belle patine claire. Conservation irréprochable. Abruzzes.

Haut. : 0 ᵐ 12.

227. Hercule jeune, coiffé de la dépouille du lion, qui s'enroule autour de son bras gauche. Il appuie la main droite sur la massue, et tient dans la gauche une grenade.

Belle patine. Étrurie.   Haut. : o^m 09.

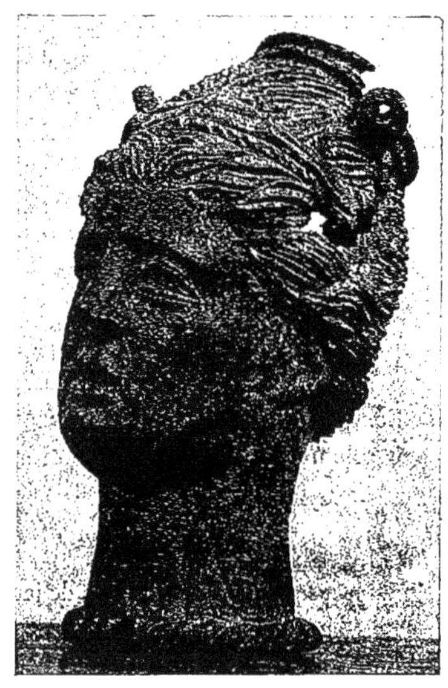

No 225. — Vase de toilette étrusque.

228. Hercule coiffé de la dépouille de lion, dont l'extrémité s'enroule autour de son bras gauche avancé; le bras droit s'appuie sur la hanche.

Belle patine. Style étrusque.   Haut. : o^m 125.

229. Hercule bibax. Il est coiffé de la dépouille de lion, et tient la massue et un canthare.

Style étrusque. Belle patine.   Haut. : o^m 14.

BRONZES GRECS & ROMAINS

230. Sphinx accroupi. Bronze archaïque d'un style délicieux.

Commencement du vᵉ siècle. — Voyez pl. VIII, n° 4.

Long. : 0 m 07 ; Haut. : 0 m 048.

231. Tête en bronze de jeune athlète grec.

Première moitié du vᵉ siècle. — Voyez pl. VIII, n° 2.

Haut. : 0 m 5.

232. Figurine d'athlète grec. Il est dans l'attitude de la marche, le corps penché, la jambe gauche portée en avant ; les bras avancés symétriquement, ayant dû tenir probablement des haltères.

Socle en vert antique. — Voyez pl. VIII, n° 1.

Haut. : 0 m 14.

233. Grande statuette. Figure virile, type du Doryphore de Polyclète ; manquant de la tête, des avant-bras et d'une partie de la jambe droite. Le corps, légèrement abandonné, repose sur la jambe droite ; la gauche fléchie, ne touchant le sol que par la pointe du pied ; l'épaule droite est un peu abaissée et le bras droit se porte en avant, tandis que le gauche se replie en arrière ; le torse se creuse légèrement du côté droit.

Les formes du corps sont rendues avec un art exquis et qui garde encore une légère saveur d'archaïsme.

Superbe bronze grec. Patine turquoise. Socle en porphyre. — Voyez pl. VIII, n° 3.

234. Miroir grec avec sa boîte. Sur le couvercle, un groupe en haut-relief. Bacchus ivre s'appuyant sur l'épaule d'un Éros. Une femme les précède, jouant de la lyre.

> Patine verte. — Voyez la phototypie, pl. VIII, n° 11.
>
> Diam. : 0 ᵐ 12.

235. Ex-voto pour la guérison des yeux, représentant avec un modelé parfait la partie supérieure du visage humain.

> Trouvé à Capoue. Il est encore d'usage, à Naples, d'offrir dans les églises des masques identiques en cire et en argent.
>
> Long. : 0 ᵐ 12.

236. Priape imberbe, debout, la tête coiffée d'une draperie, vêtu d'une tunique, qu'il relève par devant. Dans le pan de sa tunique relevée sont des fruits et des fleurs.

> Bronze d'une grande finesse, et de très belle patine.

237. Tête de Pallas, coiffée d'un casque à haut cimier et crista représentant une chouette.

238. Buste d'Alexandre le Grand.

> Belle patine. — Voyez pl. VIII, n° 9.

239. Anse de vase en bronze avec plaque repoussée représentant Thétis assise sur un hippocampe, tenant une cuirasse de la main gauche, et soutenant sa robe de la droite.

> Patine verte. — Voyez pl. VIII, n° 10.

240. Situle en forme de pâtre ou de jeune esclave endormi. L'enfant est enveloppé dans son manteau, et tient entre les jambes une grande lanterne; sur la base, en forme de rocher, on voit un lézard attiré par la lumière.

> Patine verte. Le couvercle manque. Travail romain. — Voyez la photogravure.
>
> Haut. : 0 ᵐ 1.

241. Vénus, vêtue d'une tunique longue. Une colombe aux ailes pendantes forme sa coiffure.

Syrie.   Haut. : o ᵐ 25.

242. Personnage romain, chauve, les traits expressifs (Lépide ?). Il est assis et appuie sur le siège la main gauche, tandis que la droite, tenant un *volumen* repose sur le genou.

Voyez pl. VIII, nᵒ 5.   Haut. : o ᵐ 125.

243. Victoire vêtue du double chiton talaire, agrafé sur les épaules et serré à la taille. Elle a de grandes ailes éployées et tient de la droite une couronne, de la gauche une palme.

Joli travail romain à patine noire. — Voyez pl. VIII, nᵒ 8.

Haut. : o ᵐ 12.

244. Très belle figure d'Harpocrate.

Style égypto-grec.   Haut. : o ᵐ 09.

245. Isis-Tyché, drapée, une corne d'abondance au bras gauche, le gouvernail à la main droite abaissée.

Belle patine. Travail romain.   Haut. : o ᵐ 1.

246. Buste de Jupiter Sérapis enté dans un fleuron (style égypto-grec) — Petite Syréne, la coiffure ornée d'un fleuron.

Jolis bronzes alexandrins.

247. L'enlèvement de Ganymède. (Type de la statue de Léocharès, citée par Pline, *Hist. nat.*, XXXIV, 79.) Grande applique avec figures en ronde-bosse.

248. Belle figurine de Satyre : visage grimaçant, long nez, barbe hérissée, oreilles et pieds de bouc.

Les bras sont cassés.   Haut. : o ᵐ 10.

249. Aurige assis, le corps penché en avant, les jambes écartées, le bras droit levé, l'autre abaissé (tenant le fouet et les guides). Il est coiffé d'un casque, et revêtu de la cuirasse.

Bronze romain de belle époque. — Voyez la photogravure.

250. Figurine de Mercure debout, coiffé du petase et tenant à la main droite une bourse.

Applique de travail romain. Belle patine.

251. Petite tête laurée de Germanicus. Très beau style du 1er siècle.

Haut. : o m 04.

252. Petit buste de Cupidon.

Applique. Bronze romain.

253. Petit zébu indien, ayant une bosse sur le garrot.

Haut. : o m 045.

254. Grenouille.

Modelée avec un grand réalisme. — Voyez la vignette.

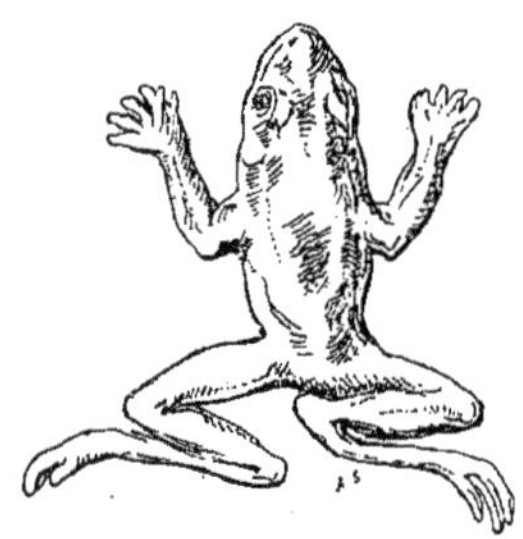

255. Buste de l'impératrice Faustine, en relief de forte saillie, autour duquel est gravée la légende DIVA FAVSTINA.

Ce bronze a été surmoulé et reproduit avec plusieurs variantes au xvie siècle.

255 *bis.* Petit squelette articulé. (Très rare.)

256. Contorniate. Vainqueur à la course conduisant un cheval par la bride. ℞. Ariane dans un char attelé de panthères. Éros et cortège bachique.

> Très belle pièce et très rare. — Voyez pl. VII, n° 8.

VASES, OBJETS DE TOILETTE, USTENSILES, ETC.

257. Gobelet falisque ou étrusque, de style ancien. Anse surélevée terminée en feuille, avec ornements gravés. Un rang de perles autour de l'orifice et de la base.

> Superbe patine verte nuancée de bleu.

257 *bis.* Autre gobelet semblable.

> Belle patine verte.

258. Belle œnochoé étrusque. Anse surélevée en forme de tige cannelée, et terminée en griffe posant sur une petite peau de lion. Rebord et col moulurés.

> Haut. : 0 m 23.

259. Superbe œnochoé étrusque. Orifice trilobé, se terminant en bec d'oiseau, anse à tige cannelée amortie près de l'embouchure

par des glands, et sur la panse par une palmette au-dessus de laquelle se dressent deux serpents.

Le bronze a conservé en grande partie sa couleur naturelle d'un beau jaune doré. Trouvée à Vico Equense.

Haut. : 0 ᵐ 23.

260.   Petit bassin étrusque monté sur trois jambes ; anses dont les attaches sont formées par deux mains ouvertes.

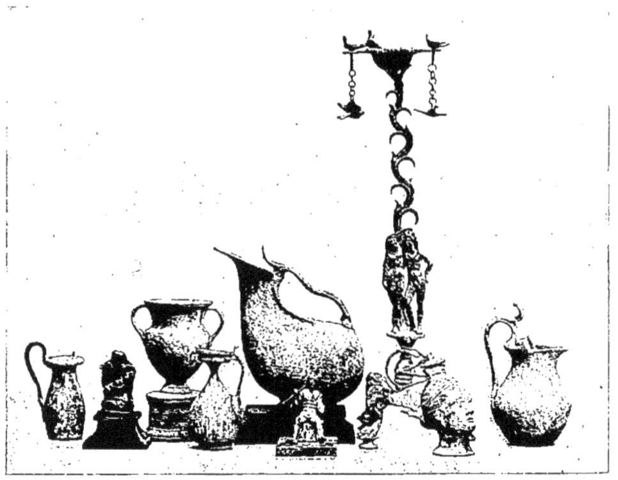

261.   Petit vase étrusque. Anse surélevée terminée en griffe et palmette.

Trouvé à Piedimonte d'Alife. — Voyez la photogravure.

262.   Petit vase étrusque. Anse surélevée et terminée en palmette ; rang de perles autour de l'orifice. — Autre avec large embouchure en forme d'entonnoir. — Autre en forme de tête de bacchante.

263.   Anse de vase étrusque à trois branches ; la plaque d'attache ornée d'une feuille d'ache, les branches qui serraient le col du

vase se terminant par des têtes d'oiseaux, et garnies d'un crochet en forme de doigt replié.

Patine noire. Achetée à Naples.

Haut. : 0 m 18.

264. Petit vase étrusque en bronze, avec inscription gravée à la pointe : ꟼHIOVM. (Salus.)

265. Magnifique prochous en forme d'outre. Anse surélevée à tige feuillue.

Patine verte. — Voyez la photogravure, n° 5.

Haut : 0 m 18 ; long. : 0 m 16.

266. Charmant petit vase grec. Embouchure en forme d'entonnoir, anse à double tige à découpures très élégantes. Sur la panse un large ruban de rinceaux gravés au trait, et une frise de godrons.

Belle patine. — Voyez la photogravure, n° 4.

267. Superbe candélabre étrusque d'ancien style. Trois pattes de lion, posées en trépied et séparées par des feuilles de lierre, supportent une longue tige surmontée d'une patère, d'un petit balustre et d'un porte-flambeau à quatre branches. Une figurine d'agoniste lançant un javelot couronne la tige.

Haut. : 0 m 85.

268. Lampadaire étrusque ; le fût en forme de branche posant sur trois pieds. Lampe avec poignée en forme de feuille, suspendue par deux chaînettes à un anneau qui glisse le long d'une courbure du fût et qu'arrête un gland en relief.

Haut. : 0 m 55.

269. Joli petit candélabre étrusque. Support formé par une figurine d'Hermaphrodite ayant pour base trois pattes de bouc posées en trépied et séparées par des palmettes. Deux colombes sont

posées sur la patère, et le long de la tige grimpe un petit félin poursuivant un coq.

Haut. : o ᵐ 25.

270. Petit candélabre étrusque. Trois colombes sont posées sur la patère ; un chat, grimpant le long du fût, poursuit une colombe. Support en forme de griffes.

Haut. : o ᵐ 22.

271. Ornement de candélabre en forme de fleuron ajouré. — Disque en bronze finement ciselé. Au centre, une tête de panthère.

272. Lampe en forme de vase. — Style primitif. Lampe à suspension en bronze, avec chaînette munie d'un crochet. Elle est en forme d'outre, et ornée d'une tête de bélier.

273. Lampe romaine en bronze, dont l'anse est formée par une feuille de chêne. Cuvette ornée de cercles en relief. Petite lampe romaine, dont la poignée est façonnée en croissant à pointes bouletées.

Patine verte. Pompéi.

274. Vase à orifice trilobé, anse surélevée amortie par une feuille de chêne.

Boscoreale. — Voyez la photogravure, n° 9.

275. Joli petit cratère. Panse godronnée et anses à double tige formant nœuds.

Trouvé à Pompéi. — Voyez la photogravure, n° 3.

276. Bouilloire romaine. Le vase est traversé dans sa hauteur par un tuyau sur lequel pose en guise de bouchon un aigle aux ailes éployées, tenant un lièvre dans ses serres, d'un très beau dessin.

Il est soutenu par trois pattes de lion amorties par des
palmettes autour desquelles s'enroulent des rubans.

Pièce très rare et de toute beauté. Conservation irréprochable. Patine
verte. Trouvé à Boscoreale.

277. Magnifique bassin de forme ovale, à bords repliés. Nervures
latérales et cercles concentriques à l'intérieur. Piédouche orné
de cercles. Anses surélevées et mobiles à tiges cannelées,
amorties par des palmettes et des chenisques. Belle patine
avec cristaux d'azurite.

Trouvé à Boscoreale (Pompéi).

278. Poignée de porte.

Trouvée à Boscoreale.

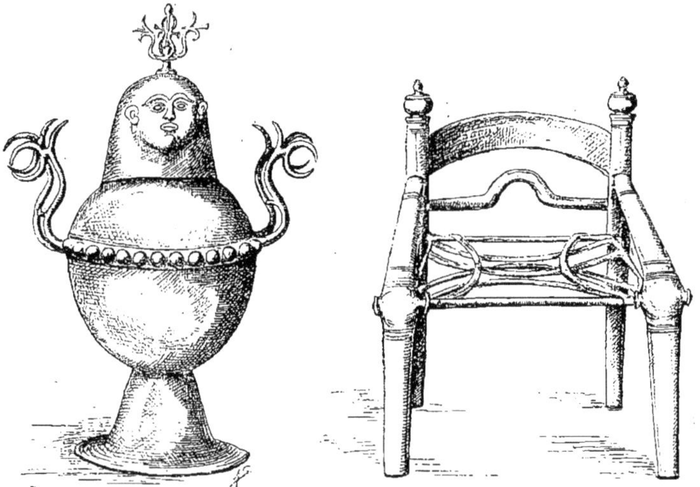

279. Vase canope en bronze de style étrusque très ancien, composé de
plaques rivées ensemble. La panse, ovoïde, est ornée d'un
cercle, avec gros boutons en relief, duquel ont départ les anses
formées de deux tiges à jolie courbure, reliées à mi-hauteur

par une baguette horizontale, et terminées par trois crochets (esquisse rudimentaire de bras). Le couvercle est en forme de tête humaine d'une conception excessivement primitive, et surmonté d'un ornement à cinq tiges; le pied est en forme de cloche.

Ce vase posait sur un siège en bronze formé par des tubes en bronze recourbés, s'amincissant aux extrémités et ornés de boutons moulurés et de stries gravées. Le dossier et le plan sont formés par des bandes de métal découpées et recourbées.

On connaît de nombreux exemples de ce type en terre cuite ornée d'accessoires en bronze. Cet exemple très ancien, entièrement en bronze, est excessivement intéressant. — Voyez la vignette.

280. Caducée en bronze.

281. Bracelet en spirale à quatre tours, les extrémités façonnées en glands. Ancien style.

Belle patine.

282. Bracelet étrusque en bronze, chénisques aux extrémités.

283. Pelle étrusque pour les cendres, ayant la forme d'une main ouverte.

284. Belle collection de rasoirs étrusques.

Intéressant lot de pièces offrant des formes très variées.

285. Collection de cuillières et fourchettes de formes très variées.

286. Collection de clefs et serrures.

287. Collection de balances et poids.

288. Collection d'instruments de précision

289. Petit vase piriforme posé sur trois pieds et muni d'un bouchon
en bronze orné d'une frise d'oves. Sur la panse ornements
quadrillés et fleurons gravés, et un rang de dauphins au poin-
tillé. Style byzantin.

290. Polycandilon byzantino-égyptien. Disque en bronze ajouré orné
de croix et muni d'une triple chaîne de suspension.

Trouvé à Bénévent. — Voyez la vignette.

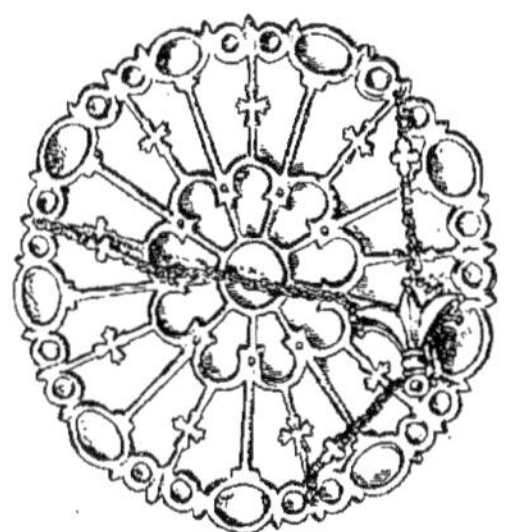

291. Lampe du moyen âge et bronzes divers.

ARMES

292. Casque grec de très ancien style enveloppant la tête tout entière.
Il est percé de deux œillères et d'une fente verticale pratiquée
au-dessus du nasal. Le frontal offre un travail au repoussé
imitant les arcades sourcilières. La calotte, rentrant à la hauteur

des tempes, prend ensuite une forme très évasée ; elle est munie d'un couvre-nuque à rebord horizontal, et surmontée d'une petite fourche servant à fixer le cimier.

Voyez pl. IX, n° 1.

293 . Superbe casque de chef étrusque. Il est de forme conique avec grande crête formée d'une lame métallique plate qui, suivant les contours de la calotte, présente un profil triangulaire. Cette lame s'arrête, de chaque côté, à mi-hauteur du casque, pour faire place à trois petits éperons fichés horizontalement l'un au-dessous de l'autre. Les bords de la calotte et du cimier sont ornés d'un double rang de boutons, et la calotte est percée latéralement de six trous.

Très rare. Trouvé à Capoue. (V. F. Von Duhn, *Annali dell' Inst.*, 1883, p. 188, pl. N.) — Voyez pl. IX, n° 2.

294. Casque grec d'ancien style à calotte ronde ornée de fortes saillies latérales à volutes, ayant la forme d'un G gothique. Un grand bouton est fixé de chaque côté.

Très rare. Belle patine. — Voyez pl. IX, n° 4.

295. Beau casque grec du ve siècle en forme d'*aulopis*, pouvant se rabattre sur le visage. Il est percé de deux œillères et a, sous le nasal, une fente verticale qui sépare les géniastères. Un triple rang de lignes incisées contourne les parties découpées ; le frontal est orné d'un travail au repoussé représentant l'arcade sourcilière. Au sommet de la calotte trois trous où étaient rivées les attaches du cimier.

Belle patine et conservation irréprochable. — Voyez pl. IX, n° 3.

296 Autre de même forme, mais composé de deux plaques rivées ensemble.

297 . Superbe casque de forme ovoïde avec géniastères mobiles. Il est surmonté d'un apex bouleté finement ciselé, et muni d'un couvre-

nuque avec ornements incisés. Bordure en torsade interrompue
sur le devant par un fleuron.

Belle patine. — Voyez pl. IX, n° 4.

298. Très beau casque de même forme muni d'un couvre-nuque orné
de ciselures et d'un bouton ciselé au sommet. A l'intérieur
trois petites bélières à suspension. Une seule géniastère, ornée
de trois fleurons en relief.

Conservation parfaite et très belle patine.

299. Autre de même forme, les géniastères ornées de volutes au
repoussé.

300. Autre identique au précédent.

301. Autre semblable, bordure en cordelette.

302. Casque de forme ovoïde formant bourrelet au bord.

Voyez pl. IX, n° 6.

303. Autre pareil.

304. Cuirasse grecque en bronze d'ancien style. Elle est faite de deux
pièces séparées. Le devant de cuirasse (γύαλον) et la dossière
(περόναι) reproduisent exactement et avec une grande élégance
la forme du torse humain.

Les pièces d'armure de ce genre, complètes, sont extrêmement rares.
Trouvée à Campobasso.

304 *bis*. Devant de cuirasse.

305. Jambière (knémide) grecque. Feuille très mince reproduisant
avec une finesse exquise la forme de la jambe humaine.

306. Ceinturon militaire étrusque, muni de deux agrafes ciselées, dont les attaches sont façonnées en palmettes.

Long. : 0 m 90.

307. Autre ceinturon à deux agrafes dont les attaches sont façonnées en figurines représentant une Victoire.

Long. : 0 m 90.

308. Très belle épée, avec son fourreau intact. La lame est ornée de nervures parallèles, et la poignée revêtue de plaques en os.

309. Épée ornée de nervures parallèles. Poignée recouverte de plaques métalliques ornées de dessins au trait.

Très belle patine. Lame recollée.

Long. : 0 m 53.

310. Grande épée à nervure médiane. La poignée percée de sept trous.

Long. : 0 m 66.

311. Magnifique épée. Lame à nervure médiane et stries parallèles; pointe très aiguë. La soie, à contours ondulés, est percée de quatre trous.

Long. : 0 m 47.

312. Autre identique.

Long. : 0 m 43.

313. Épée en fer.

314. Grand couteau de sacrifice. La poignée en forme de tête d'aigle d'ancien style. Superbe pièce.

Belle patine verte. — Voyez la photogravure, p. 67.

315. Bouterolle d'un fourreau de poignard, ornée de fleurons découpés.

316. Poignée d'arme en forme de tête d'oiseau de proie (moyen âge).

317. Pointe de lance à nervure médiane arrondie.

    Très belle patine.   Long. : o ^{m} 40.

318. Pointe de lance à nervure médiane et bords gravés.

    Belle patine.   Long. : o ^{m} 30.

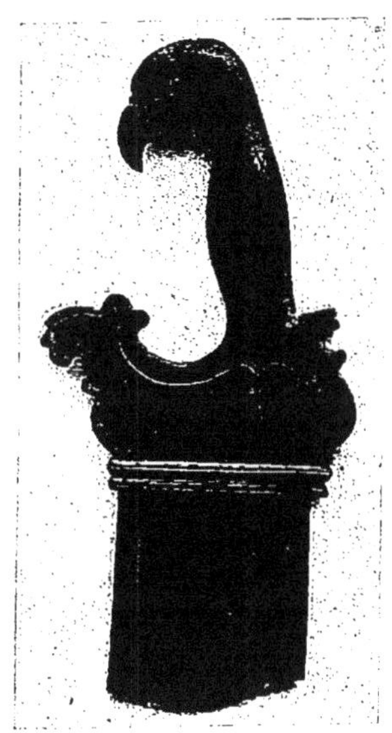

N° 314. — Couteau de sacrifice.

319. Autre en forme de feuille de lierre.

320. Autre à bords échancrés.

321. Très grande et belle pointe de lance à lame très aiguë et nervure médiane arrondie, ornée d'incrustations en argent.

                                           Long. : o ^{m} 49.

322. Deux talons de hampe de lance. L'un d'eux se termine par une tête de panthère. Ancien style.

323. Hachette massive, le tranchant développé en tiers de cercle.

324. Hachette munie d'ailerons et à tranchant droit.

> Belle patine.

325. Autre, même forme.

326. Têtes de bâtons d'armie en forme de cylindres hérissés de piquants.

327. Doigtier d'archer, en bronze, orné d'une tête de taureau en relief.

> Très rare. — Voyez la vignette.

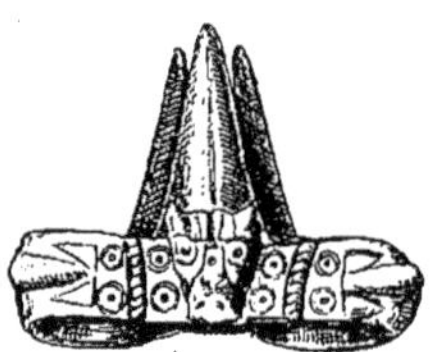

328. Autre sans ornement.

329. Ornements d'un char étrusque. Fragments de plaques latérales munies de poignées surélevées, avec sujets en relief représentant une Chimère, des boucs cossant et autres animaux. L'extrémité du timon est formée par une tête de lion, la gueule entr'ouverte et crispée.

> Style étrusque primitif. Travail au repoussé, d'exécution très fine. — Voyez la vignette, p. 69.

330. Deux Phalères de bronze avec ornements incisés en cercles concentriques. Époque très ancienne.

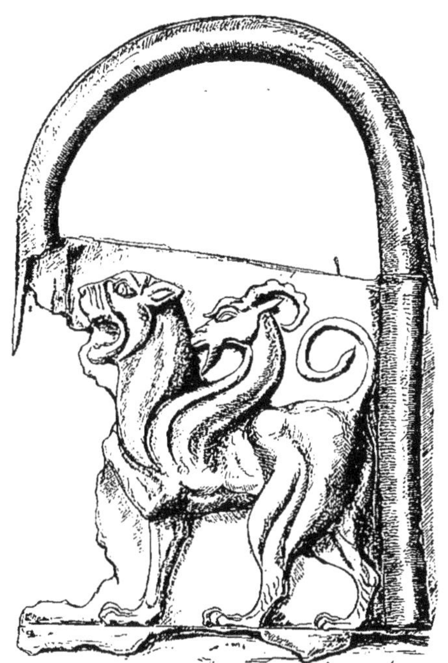

N° 329. — Ornements d'un char étrusque.

331.   Une très belle collection de mors de cheval et de pièces de harna-
        chement.

        Voyez pour une partie la vignette.

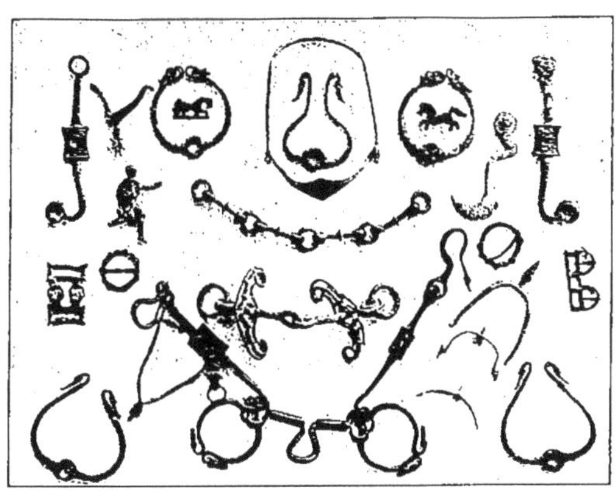

332. Belle collection de fibules en argent et en bronze et d'ornements
      en bronze. Époques anciennes.

333. Superbe collection de fibules et agrafes d'époque mérovingienne
      et carolingienne.

334. Casserole en bronze. Ornements au tour. Le rebord argenté.

335. Très belle passoire et autres objets oubliés.

MOSAÏQUE

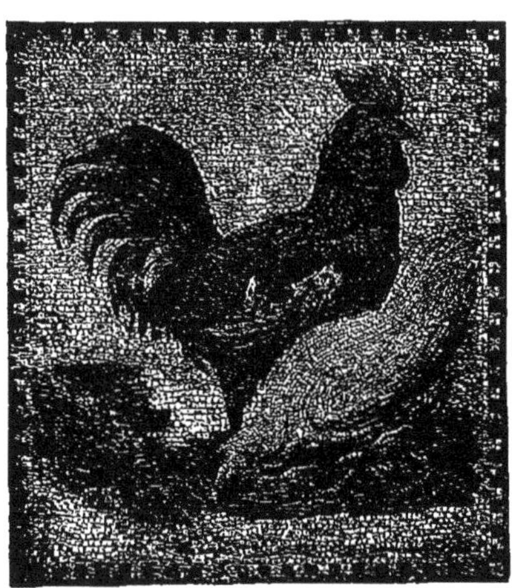

337. Superbe mosaïque polychrome représentant un coq, debout,
      auprès d'une· poule qui becquète des graines et de deux pous-
      sins, qui se disputent un brin d'herbe.

Travail alexandrin. Trouvée à Rome.

INSCRIPTIONS

338. Plaque rectangulaire en marbre, ayant dans les angles des trous,
dans lesquels sont enchâssés des clous de fer.

M · CLAUDIVS · M · F
BASILIDES
SALVE·

339. Plaque rectangulaire en marbre :

CONCORDIA
VENERIA
VERECVNDO · CON
TVBERNALI|· ET
PRISCILLAE FILIAE
BENEMERENTIBVS
FECIT

340. Très intéressant monument trouvé à Isernia (Aesernia, Samnium)
qui représente un voyageur prenant congé de son hôtesse. On
lit au-dessus l'inscription suivante :

I · CALIDIVS EROTICVS
SIBI . ET . FANNIAE . VOLVPTAT . V . F
COPO COMPVTEMVS . HABES . VINI ƆI . PANE
A . I . PVLMENTAR . A . II . CONVENIT . PVELL
A . VIII . ET . HOC . CONVENIT . FAENVM
MVLO . A . II . ISTE . MVLVS . ME . ADFACTVM
DABIT.

Le dialogue reporté dans ce monument satirique est excessivement curieux et intéressant : « *Hôtesse, comptons* ». — « *Tu as un sesterce de vin : pour le pain, un as ; pour le* PULMENTARIUM (bouillie de farine de maïs), *deux as* ». — « *D'accord* ». — « *Pour la fille, huit as* ». — « *Pour cela aussi, d'accord* ». — « *Du foin pour le mulet, deux as* ». Et le voyageur en partant fait cette réflexion : « *Ce mulet va me conduire à la misère* ».

Il a été publié mainte fois. Voyez : AVELLINO, *Bull. Nap.*, t. VI, p. 1. — MOMMSEN, *Inscr. R. Neap. latinae.* — RICCIO, GARRUCCI, FROEHNER, *Mélanges épigr.*, etc.

341. Plaque rectangulaire en marbre :

AMATIAE+ ADAVCTAᴱ
CAMATIVS ⊦ POLYBIVS ⅃
CONIVGI ⊦ BENEMEREN
VIX · A · XXX · M · III · D · V

341 *bis*. Inscription latine archaïque sur une défense de sanglier : **PADEROS**, et inscription grecque sur bronze : ΔΙΟΣ.

Voyez les vignettes.

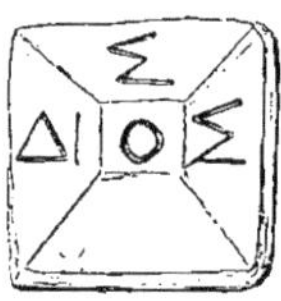

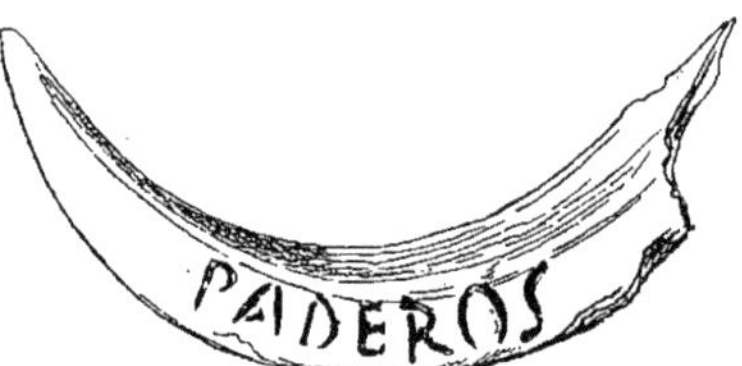

COLLECTION DE SCEAUX

342. Plaque rectangulaire munie, au revers, d'un anneau : caractères
en relief.

1. SEX·TEREN. Monogr. au revers.

Long. : 0 m 105.

2. MATHN en monogr.

Long. : 0 m 50.

3. PLANC-ANTVSA. Amphore gravée au revers.

Long. : 0 m 045.

4. ΣMARAGID — EꟼRI ꞏ MARCEL. Dauphin gravé au
revers.

Long. : 0 m 065.

5. L·CARVILI-DIONYSI.

Long. : 0 m 035.

6. C·MAECENATIS — PLOTIANI. Palme gravée au revers.

Long. : 0 m 065.

7. CN·LVCRETI — DIADVMENI. Au revers, contre-sceau :
CN·L·D·

Long. : 0 m 035.

8. Q·Q·Q·FVLVIO — RVM CARPI QVIN·TIANI =
LAMIANI·

Long. : 0 m 068.

9. MYSTICI (feuille)-VMBRIAE- (feuille) ALBINAE.

Long. : 0 m 060.

10. C·SAFINIVS·PRIMVS (feuille).

Long. : 0 ᵐ 070.

11. C·SEXTIL·ZOSIMI.

Long. : 0 ᵐ 050.

12. M·MIRAENI·PRISCI (feuille).

Long. : 0 ᵐ 042.

13. L·SEMPRONIVS — (feuille) APER (couronne).

Long. : 0 ᵐ 070.

14. FEL CO — C·F·P·C·S.

Long. : 0 ᵐ 050.

15. PVB·NEA — POLIT.

Long. : 0 ᵐ 070.

16. M·A·V — M·A·L

Long. : 0 ᵐ 045.

17. L·V·M.

Long. : 0 ᵐ 045.

18. M·S·T.

Long. : 0 ᵐ 040.

Lettres en creux :

19. C·ANT·SVCC. Au revers, palme gravée.

Long. : 0 ᵐ 045.

20. M·A·C.

Long. : 0 ᵐ 035.

21. En forme de deux rectangles glissant l'un sur l'autre :
P·SCANTI·PAVLI. Contre-scel : P·S·P.

Long. : 0 ᵐ 055.

22. En forme de navire :

CSVL·M·FO — ≈ TVNATI. Au revers, deux palmes gravées.

Long. : 0 ᵐ 070.

En forme de pied :

23. C·P·T.

24. M͡ARCELL ⊳.

25. Z·Z·Z.

26. En forme de dauphin. Dans un premier compartiment : CE-RIA-LIS ; dans un second : L·TREB.

27. En forme de vase. Sur la panse : NC — FELI — CIA₁; sur le pied : N

28. Grand poids en plomb. D'un côté : A ƧEPPI ; de l'autre : VEИVƧTI.

Long. : 0ᵐ065.

MONNAIES

CAMPANIE

343. CALES. *Didrachme.* Tête d'Athéna, à droite, coiffée du casque corinthien orné d'une guirlande de laurier et d'un pentagone. ℞. CAⱢENO. Victoire conduisant un bige vers la gauche.

D'un style et d'une conservation d'autant plus remarquables que cette pièce se trouve généralement d'un dessin maigre et en mauvais état. Æ. F. D. C.

Voyez pl. X, n° 3.

344. Capoue. *Didrachme.* Bifrons imberbe. ℞. ROMA. Jupiter dans un
quadrige. Æ. F. D. C.

345. Cumes. *Didrachme.* Tête de femme, à droite. ℞. KVMAION.
Coquille et grain d'orge. Æ. B.

346. Hyria. *Didrachme.* Tête d'Athéna, à gauche. ℞. ꟼVI◁Y. Taureau
anthropoïde, à droite. Æ. B.

347. Naples. *Didrachme.* Tête de nymphe, à droite, parée de bijoux,
les cheveux ondés et ceints d'un ampyx; sous la tranche
du cou, ΣTA; devant, A͡P; derrière la nuque, une grappe de
raisin. ℞. Taureau anthropoïde (Bacchus Hebon) couronné par
la Victoire; dans le champ, K. Æ. T. B.

348. Nola. *Didrachme.* (1ʳᵉ moitié du ɪvᵉ siècle.) Tête de Pallas, à
droite. Sur le casque une guirlande d'olivier sur laquelle pose
une chouette. ℞. NΩΛΛ. Taureau anthropoïde, à droite.
Æ. F. D. C.

Superbe exemplaire. — Voyez pl. X, nᵒ ɪ.

349. Nuceria alfaterna. *Didrachme.* Tête juvénile avec corne de bélier.
ꟼVꟼꓷƎTΛ..... ℞. Vainqueur à la course tenant une palme de la
gauche et la bride de son cheval de la droite. Æ. B.

350. Corfinium. *Denier.* ꓷIꟻTVꟼ. Tête de Pallas, à droite, derrière une
guirlande et ✕. ℞. ·ꟾ·ꟾꟼꓓꟼꓲ·ꟾ. Les Dioscures à cheval, galopant en sens inverse (type de la *gens* Servilia). Æ. F. D. C.

C'est un des types les plus rares.

CALABRE

351. Tarente. *Drachme d'or.* Tête d'Hercule, à droite. ℞. TAPANTINΩN
ΣΩK. Neptune conduisant un bige. Or. T. B.

352. Tarente. *Diobole d'or.* ΣΑ—TAPAZ. Tête de Satyre, à gauche ; devant, dauphin. ℞. ⊢H. Héraklès assommant avec sa massue le lion qui le mord à la hanche ; arc et carquois.   Or.   F. D. C.

353. — *Didrachme* (style de transition). Cavalier conduisant son cheval au pas. ℞. (TA)PANTINΩN. Taras sur le dauphin.

                                                         Æ.   T. B.

   Très rare.

354. — *Didrachme.* (360-300 av. J.-C.) ΞΑ. Cavalier armé de trois javelots, lançant son cheval au galop. ℞. TAPAΣ—AP. Taras sur le dauphin, à gauche, tenant un trident et un canthare dans le champ, un petit dauphin. Superbe.   Æ.   F. D. C.

354 *bis*. — *Didrachme.* Cavalier au galop, à gauche.   Æ.   T. B.

LUCANIE

355. Métaponte. *Didrachme.* Tête de Dionysos couronnée d'une guirlande touffue de lierre. ℞. META. Épi ; sur la feuille, une chouette.   Æ.   T. B.

   Style délicieux. — Voyez pl. X, nº 4.

356. Métaponte. *Didrachme.* Tête de Déméter, à gauche. ℞. META. Épi ; sur la feuille, une conque marine.   Æ.   T. B.

   Voyez pl. X.

357. Sybaris. *Didrachme de large module.* MY. Bœuf, à gauche, retournant la tête en arrière. Grènetis. ℞. Même type en creux. Æ. T. B.

358. Thurium. *Tétradrachme.* Tête d'Athéné, à droite. ℞. ΘΟΥΡΙΩΝ. Taureau cornupète, à droite.   Æ.   A. B.

359. THURIUM. *Didrachme*. Tête d'Athéné, à droite, le casque orné du monstre Scylla. ℞. ΘΟΥΡΙΩΝ. Taureau cornupète, à droite ; à l'exergue, un thon.   Æ.   T. B.

360. — *Didrachme* de belle époque (1re moitié du IVe siècle). Tête d'Athéné, à droite, le casque orné du monstre Charybde. ℞. ΘΟΥΡΙΩΝ. Taureau cornupète, à droite ; dans le champ, une feuille de lierre.   Æ.   T. B.

     Style délicieux.

361. VELIA. *Drachme*. Partie antérieure d'un lion dévorant sa proie. ℞. Carré creux.   Æ.   T. B.

362. — *Didrachme par Kleudôros*. Tête de face de Pallas. Sur le casque : ΚΛΕΥΔΟΡΟΥ. ℞. ΥΕΛΗΤΩΝ. Lion dévorant sa proie ; dans le champ, ΚΛΕ en monogramme.   Æ.   B.

BRUTTIUM

363. BRUTTIENS. *Drachme*. Buste de la Victoire. ℞. ΒΡΕΤΤΙΩΝ. Pan debout.   Æ.   T. B.

364. — Buste de Thétis, à droite. ℞. ΒΡΕΤΤΙΩΝ. Neptune, à gauche.   Æ.   T. B.

365. — *Tétrobole*. Tête de Pallas, à droite ; derrière, chouette. ℞. ΒΡΕΤΤΙΩΝ. Aigle.   Æ.   T. B.

366. CAULONIA. *Didrachme de large module* (avant 500). Apollon *lustrator*, debout et nu, la tête ceinte d'un *strophium*. Il agite avec la droite un rameau, et soutient sur le bras gauche une petite figure nue qui, en courant, agite des rameaux et tourne la tête vers le Dieu tutélaire ; dans le champ, une figurine de cerf

et l'inscription **KAVA**. Large bordure à chaînons renfermant des globules. ₧. Même type. Bordure incuse et radiée. Æ. F. D. C.
Superbe exemplaire. — Voyez pl. X.

367. Croton. *Didrachme primitif de large module* (avant 500). **ꝩꝪO**. Trépied en relief; bordure de globules enveloppés dans une spirale. ₧. Même type en creux; bordure radiée. Æ. F. D. C.

368. — Deux autres exemplaires. Æ. T. B.

369. — Autre exemplaire ayant de chaque côté un crabe dans le champ, et la légende **ꝩЯO** en relief. (Rare). Æ. T. B.

370. — *Didrachme*. **Oꝩꝧ**. Trépied et cigognes. ₧. **Oꝩꝧ**. Trépied en creux. Æ. T. B.

371. Locres. *Didrachme*. Aigle déchirant un lièvre. ₧. **ΛΟΚΡΩΝ**. Foudre ailé. Æ. T. B.

372. Terina. *Didrachme*. Tête de nymphe, à gauche, les cheveux ondés et parés d'un diadème, dans une guirlande d'olivier. ₧. **ΤΕΡΙ**. Niké assise, à gauche, sur une urne renversée. Æ. T. B.

SICILE

373. Camarina. *Tétradrachme* (circa 430 a. C.). Tête d'Héraklès barbue et coiffée de la dépouille du lion, à gauche; devant **KAMAPINAION** ₧. Quadrige au galop, à gauche, couronnée par la Victoire. A l'exergue, une cigogne au vol. Æ. T. B.
Voyez pl. X.

374. Catane. *Drachme par Evænelos* (commencement du IVᵉ s.). Tête du dieu-fleuve Amenanus, à gauche, entourée de deux poissons et

une écrevisse. Dessus, le nom **AMENANOΣ**; dessous la signature **EYAIN**. ℞. Quadrige lancé au galop. A l'exergue, **KATANAIΩN**.

Æ. T. B.

Style délicieux. — Voyez pl. X.

375. Héraclée Minoa. *Tétradrachme*. Tête de Coré, à droite, entourée de dauphins. ℞. Quadrige couronné par la Victoire. A l'exergue, inscription punique.

376. Himera. *Drachme de style ancien*. Coq, à droite. ℞. Carré creux à ailes de moulin, bordure radiée. Æ. T. B.

377. Messana (Zancle). *Didrachme*. **DANKレE**. Dauphin. ℞. Carré creux avec plusieurs sections en relief et au centre, pétoncle.

Æ. T. B.

378. Naxos. *Diobole*. Tête de Bacchus, ornée de lierre; devant, **NAXI**. ℞. Grappe de raisin. Æ. T. B.

379. Palerme (*Les Carthaginois, vers la fin du IIIe siècle*). 2 ¹/₂ *drachmes*. Tête de Proserpine, à gauche. ℞. Cheval libre.

Or pur. F. D. C.

379 *bis*. *Drachme*. Mêmes types. Or pur. F. D. C.

380. Palerme (*Les Carthaginois*). *Statère d'electrum* (*Didrachme*). Tête de Proserpine, à gauche, parée de bijoux et coiffée d'épis; devant. ℞. Cheval libre, à droite. A l'exergue, ∴. El. T. B.

381. Palerme (*Les Carthaginois*). *Tétradrachme* d'après Evænetos. Tête de Proserpine, à gauche, couronnée de roseaux et entourée de quatre dauphins. ℞. Buste de cheval, et palmier; dessous, inscription punique. Æ. T. B.

Beau style.

382. SELINUS. *Tétradrachme.* ΣΕΛΙΝΟΣ. Le fleuve Selinos debout, à gauche, faisant une libation près de l'autel d'Esculape. ℞. ΝΟΙΤΝΟΝΙΛƎϟ. Apollon, dans un bige conduit par Diane, tirant de l'arc.

Æ. T. B.

Voyez pl. X.

383. — *Didrachme* ΗΥΨΑΣ. Jeune divinité fluviale sacrifiant, à gauche, ℞. Héraklès et le taureau crétois. Æ. A. B.

384. SYRACUSE. *Tétradrachme d'ancien style* (avant 500 H. C.) ΣΥΡΑ. Quadrige au pas. ℞. Carré creux à quatre compartiments ayant au centre une tête de femme, poinçonnée en relief dans une cavité circulaire. Æ. T. B.

Bel exemplaire. — Voyez pl. X.

385. — *Tétradrachme.* Style de transition. Trois pièces variées.

Æ. B.

386. — *Dékadrachme d'or* par Evænetos (405-345 A. C.). Tête juvénile, à gauche, devant ΣΥΡΑ. ℞. Cheval libre au galop, à droite. A l'exergue : ΣΥΡΑΚΟΣ. Or. T. B.

Beau style. Voyez pl. X.

387. — *Tétradrachme par Kimôn.* ΣΥΡΑΚΟΣΙΩΝ. Tête de femme, à droite occupant presque tout le champ de la médaille. La chevelure est retenue par un *sphendoné,* dont s'échappent aux tempes et sur la nuque des mèches flottantes. Autour, des dauphins se poursuivant. ℞. Quadrige au galop, à gauche, couronné par la Victoire. Æ. T. B.

Superbe pièce de grand style. — Très rare avec la tête à droite. — Voyez pl. X.

388. — *Didrachme au type corinthien.* ΣΥΡΑΚΟΣΙΟΝ. Tête d'Athéné, à droite. ℞. Pégase. Æ. F. D. C.

Superbe exemplaire.

389. Syracuse. 1 '/₄ *litrae.* Tête de Diane, à gauche. ℞. ΣΥΡΑΚΟΣΙΟΙ. Chouette. Dans le champ, **A**. Æ. F. D. C.

Très rare.

390. — Agathocles (317-310 A. C.). *Tétradrachme.* Tête de Proserpine, à gauche, couronnée de roseaux et entourée de trois dauphins. ℞. Quadrige au galop, à gauche ; dessus, la tiquètre ; à l'exergue : ΣΥΡΑΚΟΣΙΩΝ. Æ. T. B.

Variété inédite.

391. — *Drachme d'or* (306-289). Tête de Minerve, à droite, coiffée du casque corinthien orné d'un griffon. ℞. ΑΓΑΘΟΚΛΕΟΣ ΒΑΣΙΛΕΟΣ — **T**. Foudre ailé. Or. F. D. C.

Voyez pl. X.

392. — *·Tétradrachme.* ΚΟΡΑΣ. Tête de Coré, à droite. ℞. ΑΓΑΘΟΚΛΕ — **Ν**. Victoire érigeant un trophée. Æ. T. B.

Très beau style. — Voyez pl. X.

393. — Hieron II (275-216). *Drachme.* Tête de Proserpine, à gauche. ℞. ΙΕΡΩΝΟΣ. Bige, à droite. Or. B.

394. — Philistis. *Tétradrachme.* Tête de la reine, à gauche. ℞. ΒΑΣΙΛΙΣΣΑΣ ΦΙΛΙΣΤΙΔΟΣ. Quadrige au galop. Æ. F. D. C.

395. — *Drachme.* Tête, à gauche. Æ. ΒΑΣΙΛΙΣΣΑΣ ΦΙΛΙΣΤΙΔΟΣ — **E**. Bige au galop, à gauche. Æ. T. B.

396. — Hieronyme. *Didrachme.* Tête du roi, à gauche. ℞. ΒΑΣΙΛΕΟΣ ΙΕΡΩΝΥΜΟΥ — **ΑΦ**. Foudre ailé. Æ. F. D. C.

396 *bis.* — *Drachme.* Mêmes types : ΞΑ. Æ F. D. C.

GRÈCE PROPRE

MACÉDOINE

397. PHILIPPE II. *Statère.* Tête d'Apollon, à droite. ℞. ΦΙΛΙΓΓΟΥ — Σ.
Bige.   Or.   T. B.

398. *Tétradrachme.* Tête de Jupiter, à droite. ℞. ΦΙΛΙΠΠΟΥ. Cavalier, à
gauche.   Æ.   T. B.
   Beau style.

399. ALEXANDRE LE GRAND. *Statère.* Tête d'Athéné, à droite. ℞. ΑΛΕΞ-
ΑΝΔΡΟΥ. Victoire debout.   Or.   F. D. C.

ATTIQUE

400. ATHÈNES. *Tétradrachme.* Tête d'Athéné, à droite (type de Phidias).
℞. Chouette sur une amphore, entre deux monogrammes.
MAP et TIMA.   Æ.   F. D. C.

ÆGINA

401. ÆGINA. *Didrachme.* Tortue. ℞. Carré creux.   Æ.   T. B.

CARIE

402. CNIDE. KNI. Tête de femme de style archaïque, chevelure perlée
lui tombant sur les épaules. ℞. Partie antérieure de lion, la
gueule béante.   Æ.   F. D. C.
   Style délicieux.

CILICIE

403 . SATRAPES DE CILICIE. *Datames* (A. C. 368-372). *Statère.* Tête de la
nymphe Aréthuse de face. ℞. Tête de Mars, à droite; devant,
en caractères aramaïques : *Datames.* Æ. F. D. C.

Exemplaire d'une beauté incomparable. Voyez pl. X.

ÉGYPTE

404 . *Ptolémée Ier Soter* (323-284 A. C.). *Statère d'or.* Buste âgé du roi,
diadémé et couvert de l'égide, à droite. ℞. ΠΤΟΛΕΜΑΙΟΥ
ΒΑΣΙΥΕΩΣ. Personnage revêtu d'un corselet à écailles, et tenant
un foudre, dans un quadrige d'éléphants, dirigé à gauche. A
l'exergue : ΙΠΠΑΡ — ΚΕ. Superbe. Or. F. D. C.

APPENDICE

VASES & COUPES

405. Cylix d'ancien style avec inscription : Χαῖρε καὶ πιει εὖ.

   Charmante petite coupe, trouvée à Capoue.

406. Cylix par Pamphaios. Cavalier tenant deux javelots et galopant
   à droite, suivi d'un chien. Inscription : ΓΑΝΦΑΙΟS ΕΓΟΙΕSΝ.
   Au revers, deux panthères affrontées et palmettes autour des
   anses.

   Superbe peinture noire, rehaussée de rouge, sur fond blanc.

   Trouvé à Orvieto. *Arch. Zeit.*, 1884, p. 239, et Reinach, *Rép.*, t. I, p. 454.
   (Parties refaites.)

407. Cylix (style athénien très ancien). Groupes de guerriers combattant et cavaliers à la file. Au centre, Sirène.

   Trouvé en Grèce.

408. Amphore d'ancien style. D'un côté, une tête virile barbue, de
   l'autre, une tête de femme coiffée du kékryphale et palmettes.

   Peinture noire au trait. Capoue.

409. Amphore. Cavalier tenant deux lances. Revers, éphèbe drapé.

   Style athénien. Capoue.

410. Amphore. *Zeus et Ganymède.* Le dieu pose la main gauche sur
   l'épaule de Ganymède qui tient un cerceau et un coq. Au
   revers, éphèbe debout. Superbe peinture.

   Style athénien du Ve siècle. Capoue.

411. ŒNOCHOÉ à orifice trilobé et peinture polychrome. *Ariane et Dionysos*. Figures rouges, avec ornements en relief, sur fond noir, la figure d'Ariane est peinte en blanc et rose. Elle est conduite par un éphébe tenant une torche, auprès d'une cliné où repose le dieu; à droite deux autres éphébes grisés par les fumées du vin.

Quelques restaurations. Charmante pièce trouvée à Capoue.

412. Sept coupes à vernis noir avec graffites étrusques et osques.

CAMÉE

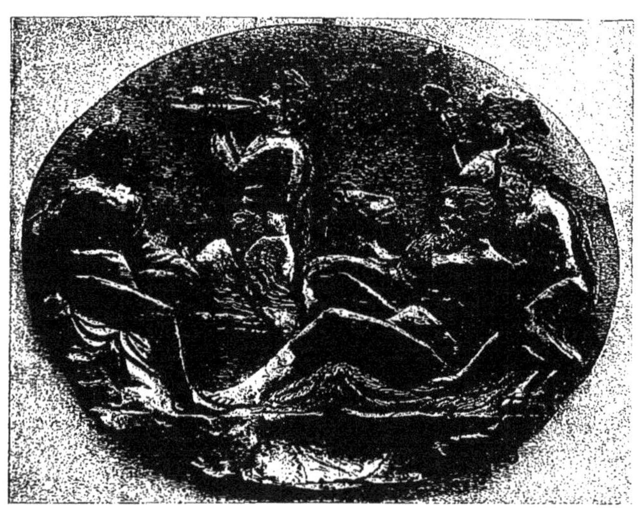

413. GRAND CAMÉE. Siléne couché, soutenu par un Satyre; devant lui, un éphébe assis et, à côté, une Ménade tenant un masque et un Satyre soufflant dans une conque marine.

MARBRE

414. Tête de Vénus de très beau style.

---

415. Sous ce numéro seront vendus les objets oubliés.

MACON, PROTAT FRÈRES, IMPRIMEURS

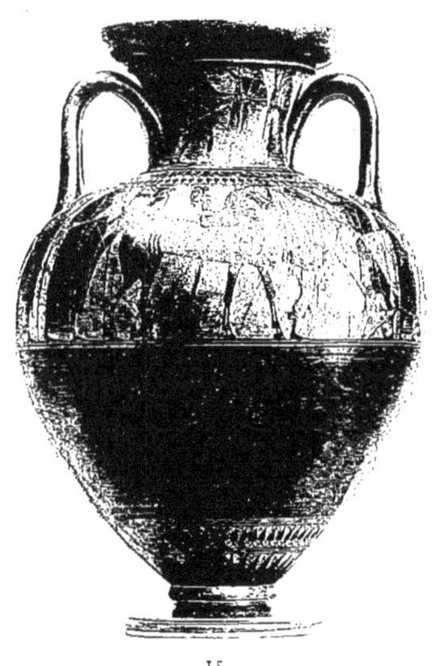

15

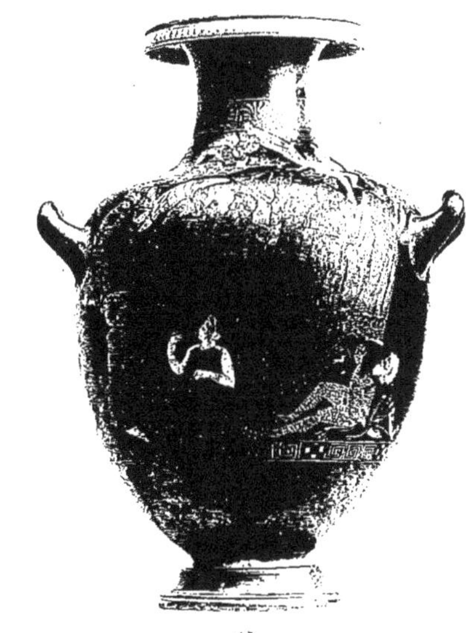

41

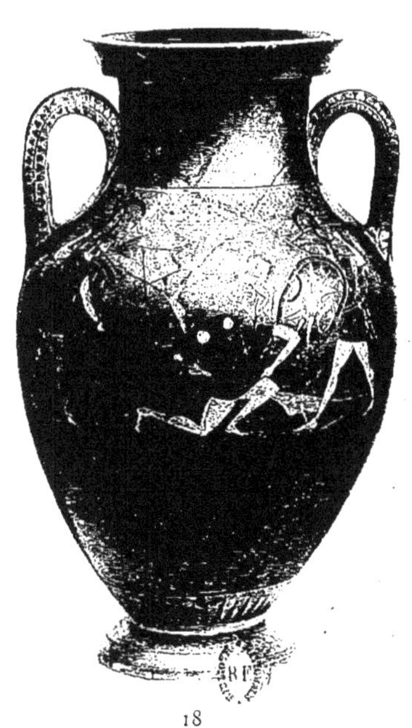

18

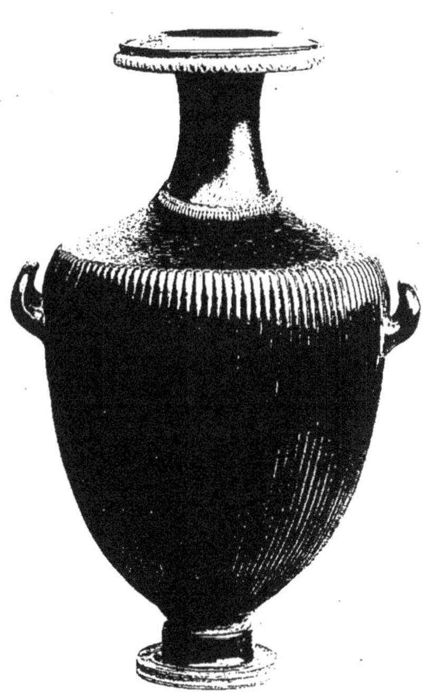

69

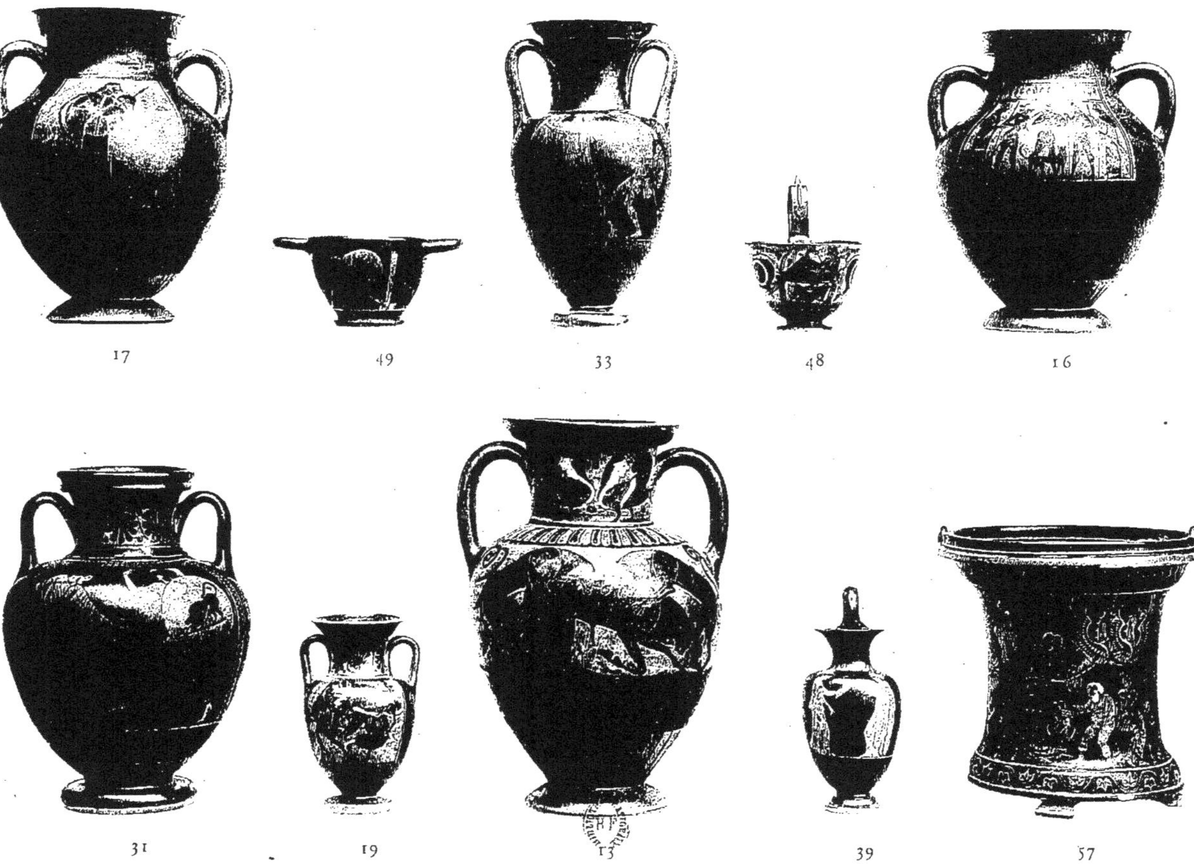
17
49
33
48
16
31
19
13
39
57

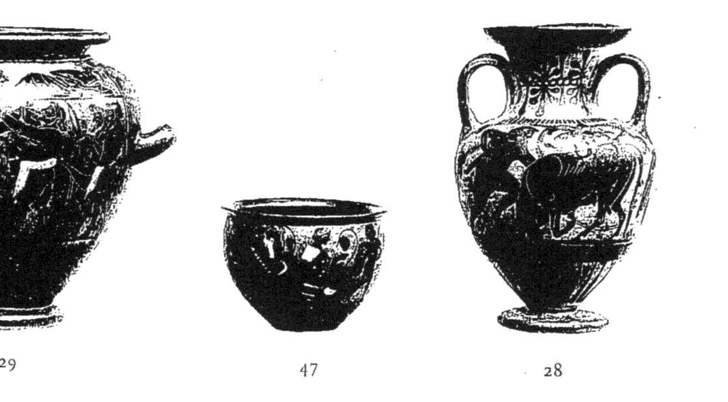

20

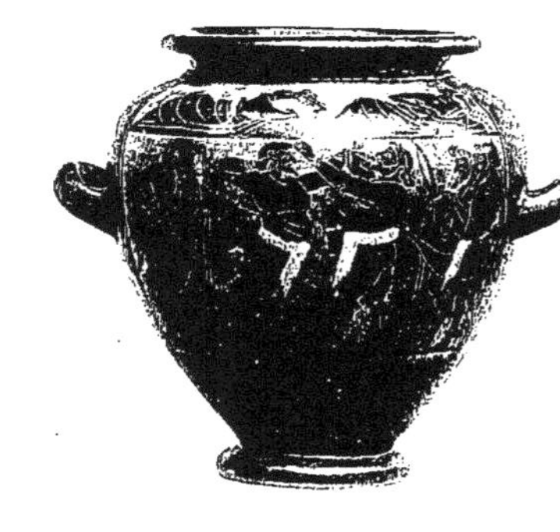

46

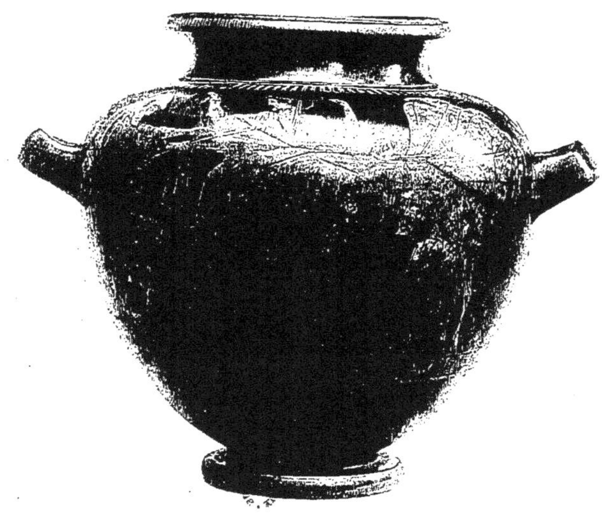

29

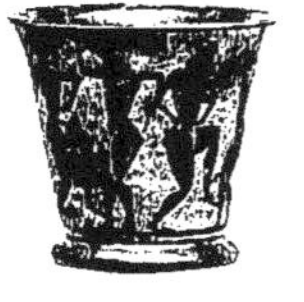

47

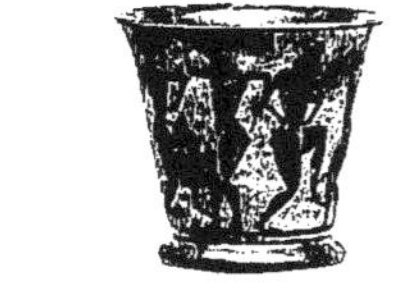

28

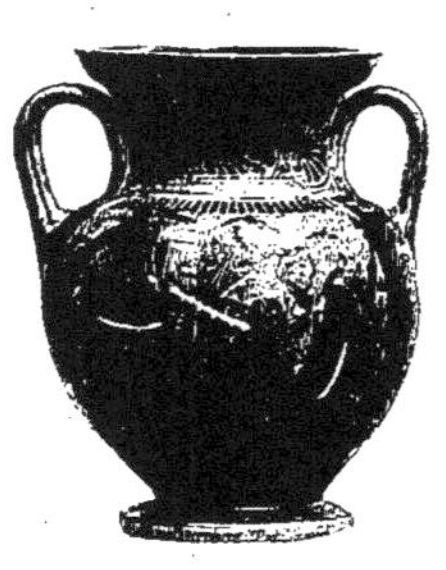

30

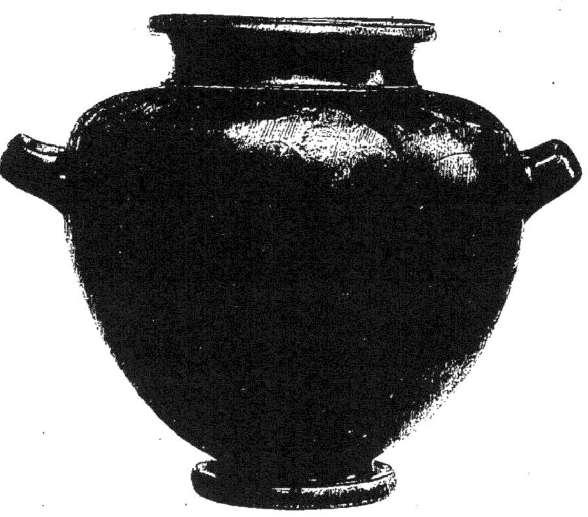

30ᴬ

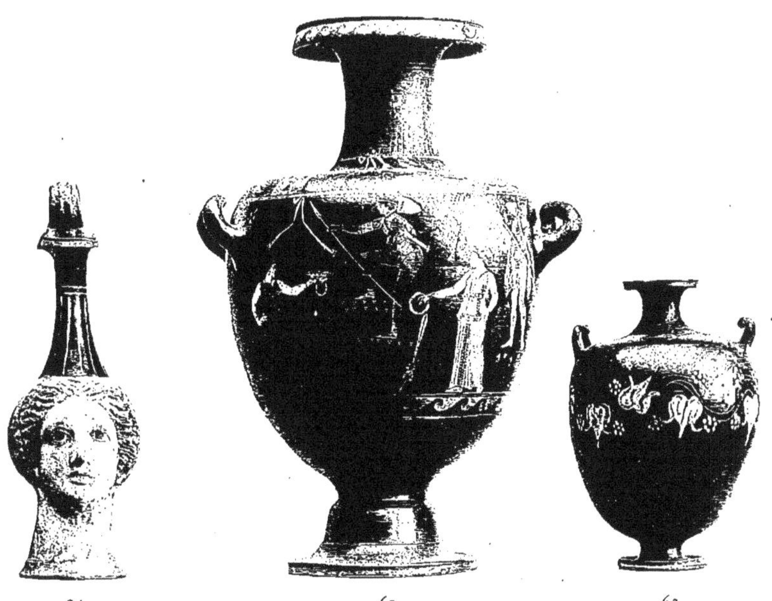

94   60   63

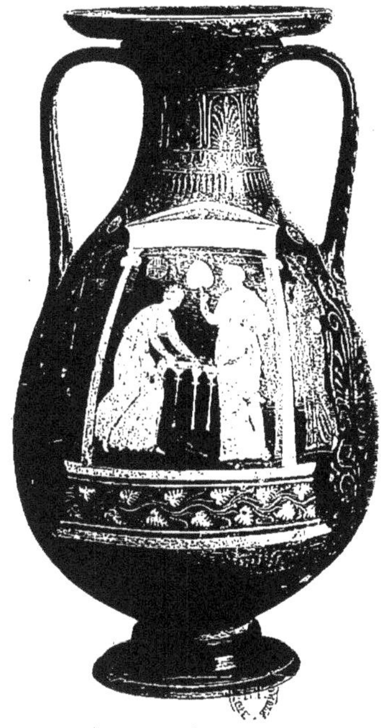

62

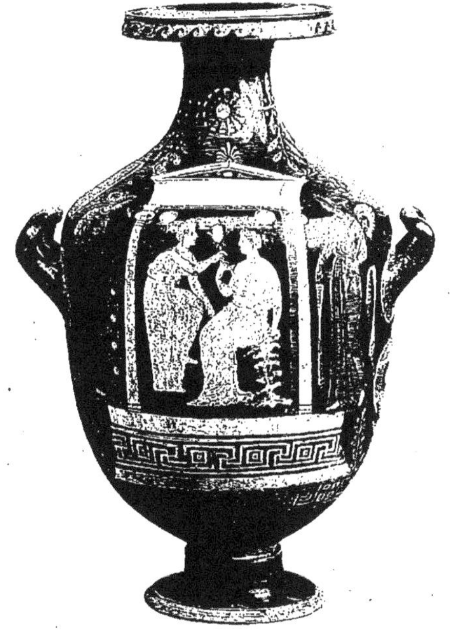

61

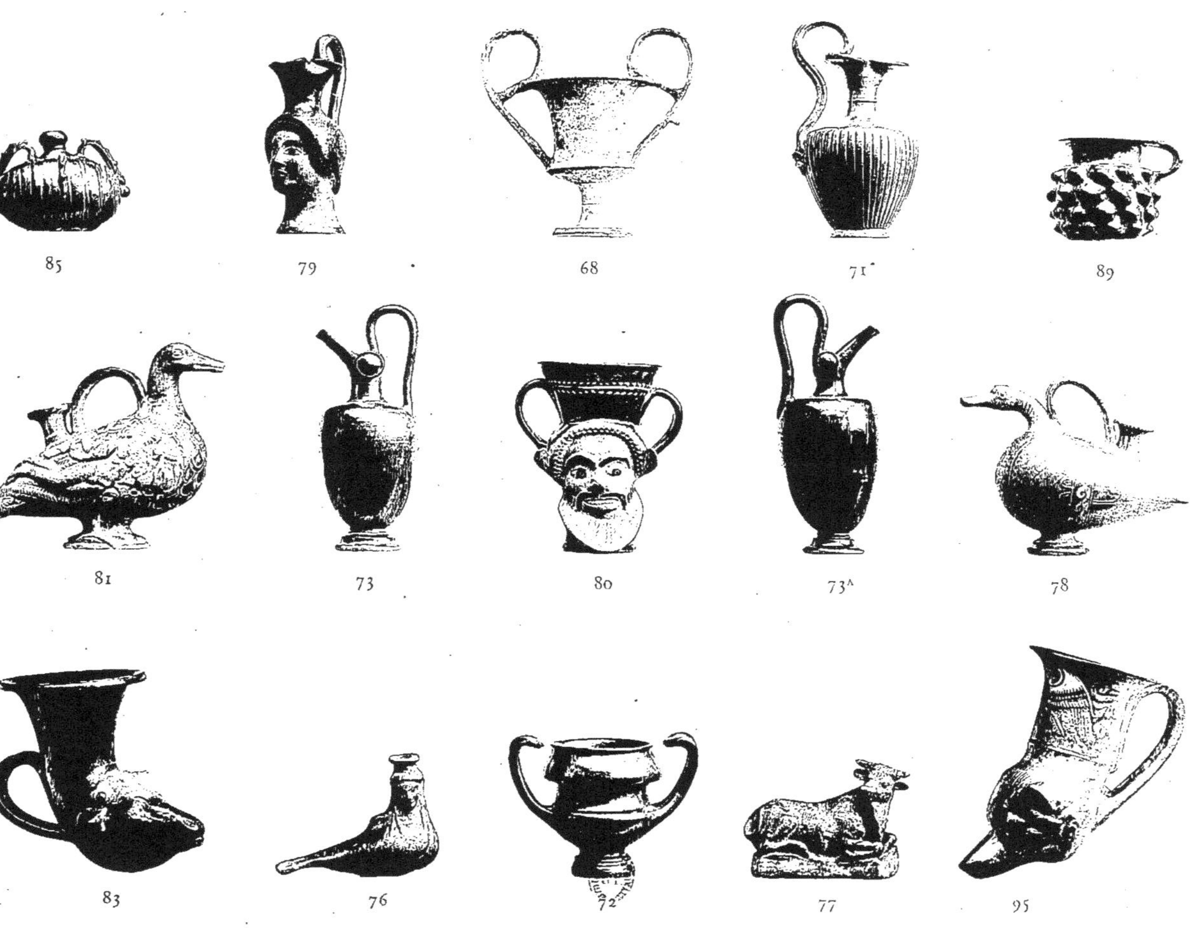
85
79
68
71
89
81
73
80
73ᴬ
78
83
76
72
77
95
Phototypie Berthaud, Paris

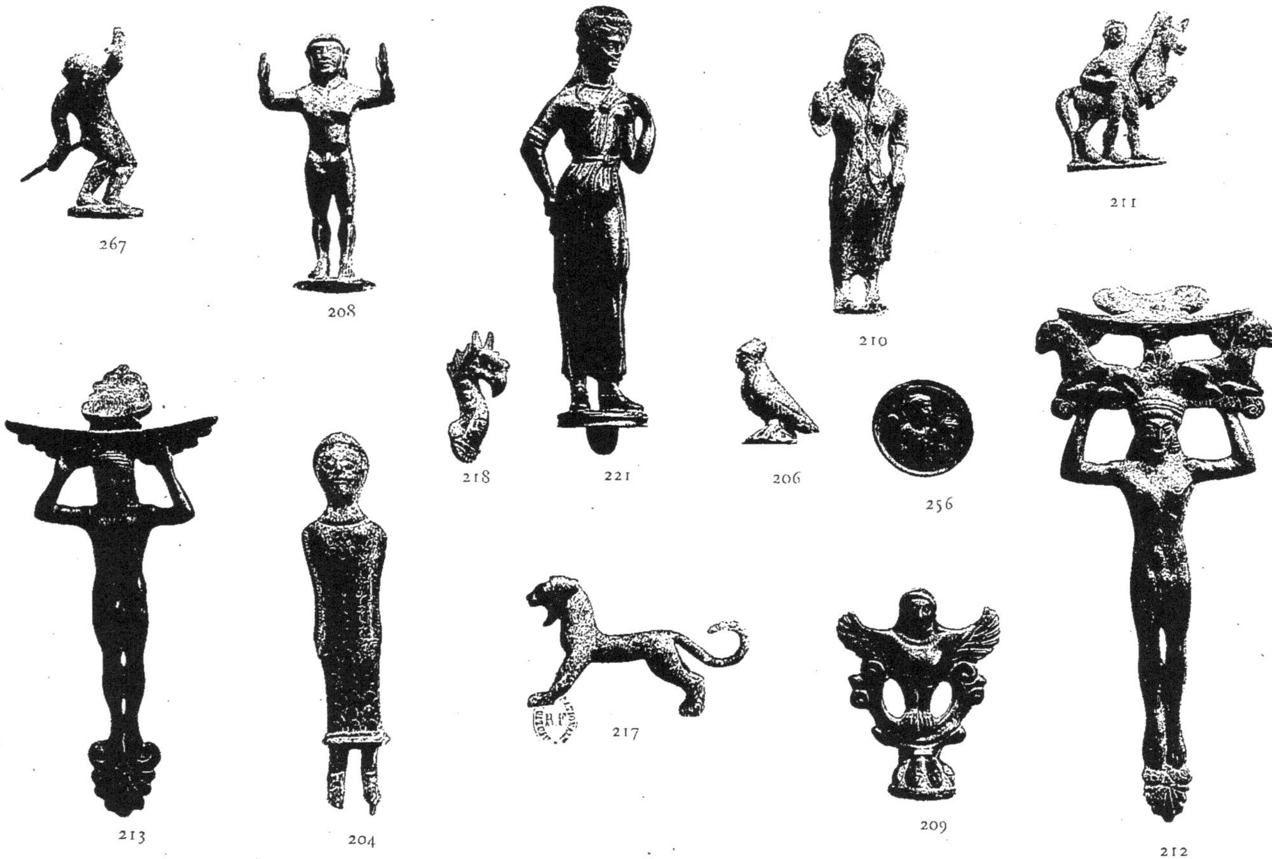
267
208
270
311
318
221
206
256
213
204
217
209
212

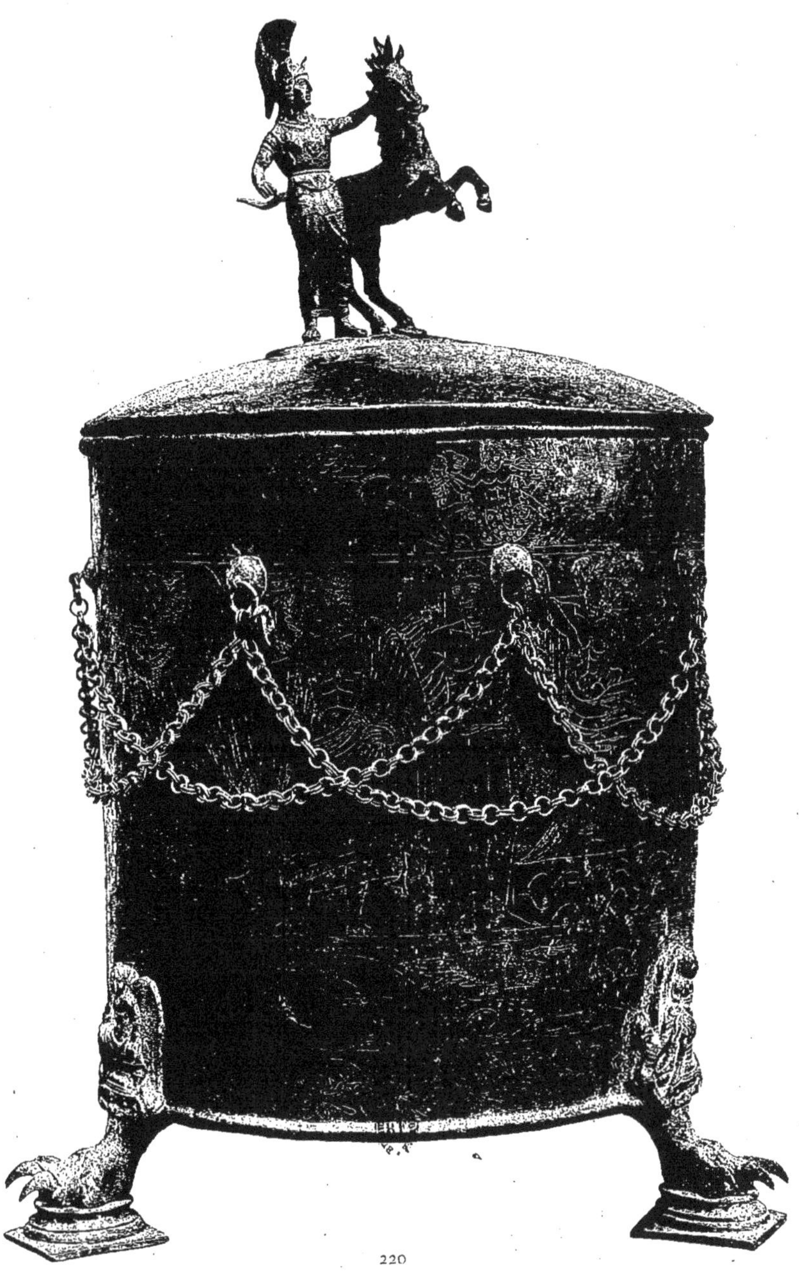

220

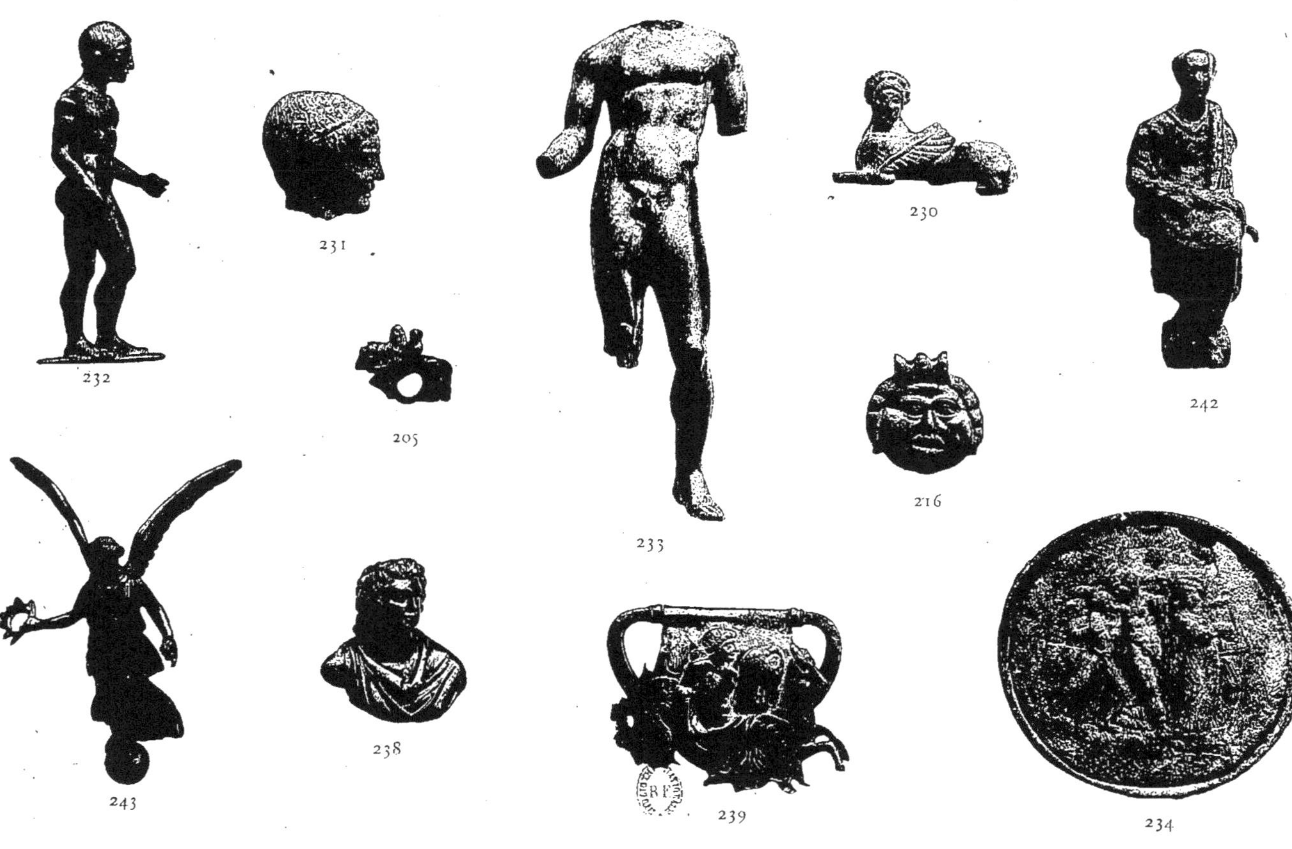

232
231
233
230
242
205
216
243
238
239
234

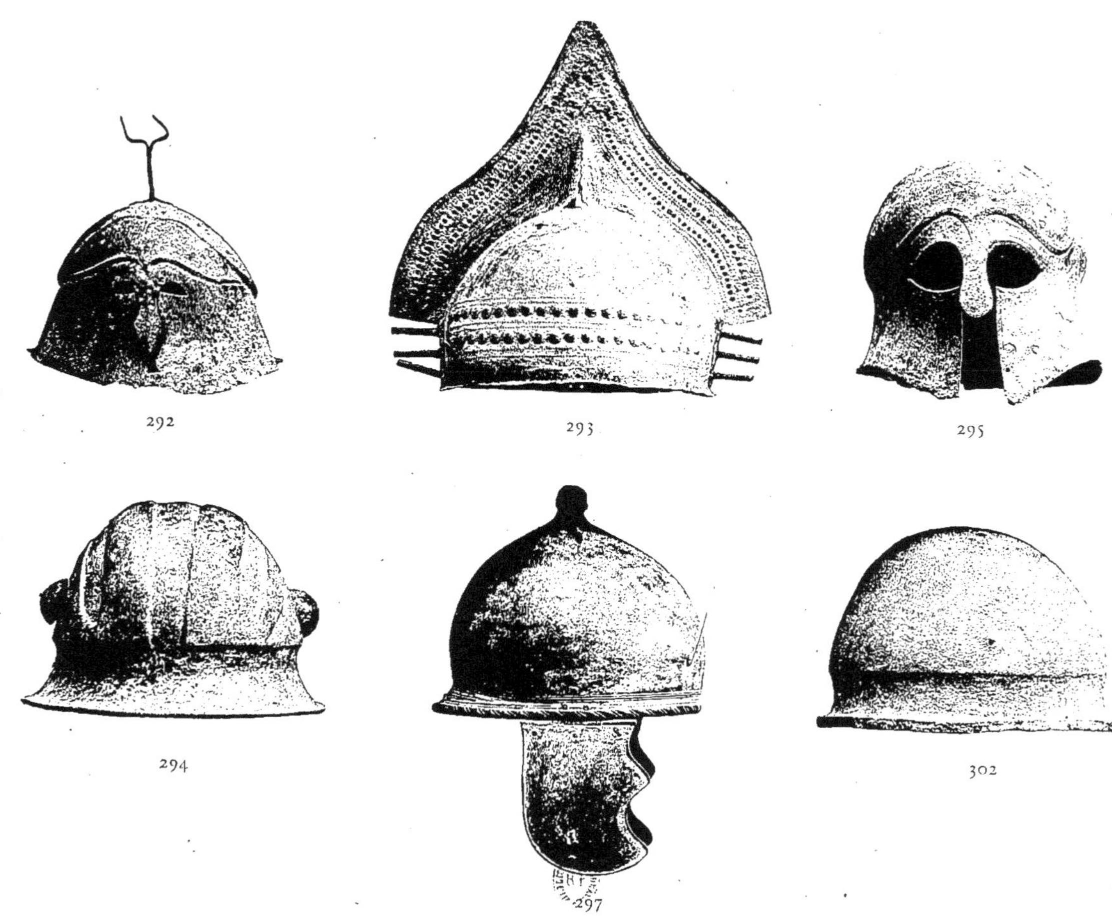
Pl. IX
292
293
295
294
297
302

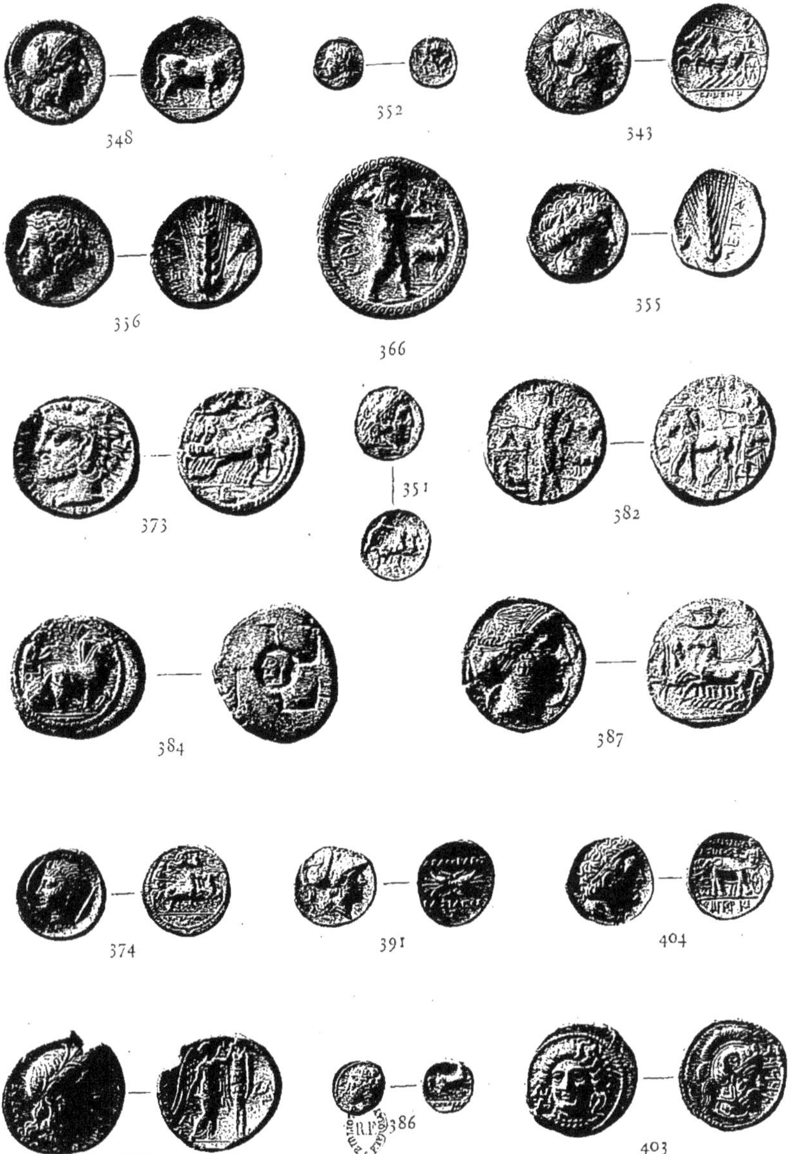

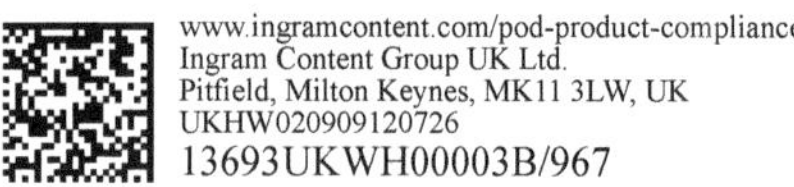
www.ingramcontent.com/pod-product-compliance
Ingram Content Group UK Ltd.
Pitfield, Milton Keynes, MK11 3LW, UK
UKHW020909120726
13693UKWH00003B/967